SAVOIR VENDRE SES CRÉATIONS

Comment vendre vos créations,
chez vous, sur Internet et en boutique

TORIE JAYNE

Éditions marie claire

brother

NO. JP3950
VERMILLION
130X180
CAFE

Direction d'édition : Thierry Lamarre
Traduction: Christine Wojazer
Correction-révision : Isabelle Misery
Mise en pages, couverture : Either studio

Éditions Marie Claire
Publiées par Société d'Information et de Créations - SIC
Une société de Marie Claire Album
10, bd des Frères-Voisin 92792 Issy-les-Moulineaux CEDEX 9 - France
Tél. 01 41 46 88 88
RCS Nanterre 302 114 509
SARL au capital de 3.822.000 euros

How to show & sell your crafts
Première édition en janvier 2014 par Quintet Publishing
Responsable d'édition : Caroline Elliker
Création graphique: Maru Studio
Directeur artistique: Michael Charles
Textes: Torie Jayne
Photographies: Sussie Bell
Éditeur: Mark Searle

ISBN : 978-2-84831-697-0
N° Éditeur : 38369
Imprimé en Chine
Dépôt légal : septembre 2014
Réimpression : juin 2015

www.editionsmarieclaire.com

SOMMAIRE

INTRODUCTION

Vous avez toujours eu le chic pour inventer et fabriquer de délicieux objets faits main ; des créations si originales et si réussies que, de vos amis, de votre famille et de votre entourage professionnel, vous ne recevez que compliments. Bref, vous avez des idées, du talent, et ça se voit. Mais ça ne vous suffit plus, vous voulez sortir de votre tanière, vous lancer dans le marché de la création et tout faire pour réussir. Vous voulez vendre vos créations, vous faire connaître et reconnaître et, ce, par le plus grand nombre. Mais comment faire ? Comment y arrive-t-on ?

Ce livre va vous y aider. J'y ai mis tout le fruit de mon expérience, ainsi que les secrets et astuces d'autres créateurs réputés, qui vendent leurs créations dans le monde entier. De l'aménagement de votre espace de travail, en passant par la mise en valeur de vos créations et de votre savoir-faire, à comment les photographier et les commercialiser.

Nous allons commencer par l'aménagement de votre espace de travail qui va stimuler et entretenir votre créativité et vos sources d'inspiration, et vous faciliter le travail. Grâce à des travaux pratiques et des exemples, vous allez apprendre comment donner une seconde vie à des objets insolites ou de récup' et comment donner à votre atelier cette touche unique – la vôtre. Vous allez découvrir ce que sont les tableaux de tendance, les sources d'inspiration et de réflexion, les instantanés au jour le jour, qui accompagnent le travail de tous les créateurs ; vous allez apprendre comment ils peuvent vous aider à développer et à entretenir votre style, tout en vous permettant de vous distinguer et d'imprimer votre propre patte à vos créations. Je vais aussi explorer avec vous le monde des marques – et comment créer la sienne – en vous démontrant que ce n'est pas un domaine réservé aux grandes entreprises. Vous allez très facilement apprendre à créer votre propre marque.

Il sera ensuite temps de vous lancer à la conquête du marché, en étudiant les différentes options : les marchés, les salons d'art et d'artisanat et les ventes de créateurs – grâce aux astuces qui rendront votre stand attirant, pour y retenir et y faire revenir les clients. Sans négliger Internet : les plateformes de vente, les sites, les blogs et les réseaux sociaux ; tous les outils communautaires et de marketing et qui vont devenir vos plus efficaces relais.

Passer du passe-temps à une marque originale et se faire remarquer au milieu d'une foules de créateurs peut sembler une gageure, mais il y a, dans ce livre, tout ce qu'il vous faut pour devenir dès demain la nouvelle star du fait main.

ACRYLIC
ACRYLIC
ACRYLIC
ACRYLIC
ACRYLIC

CHAPITRE 1
DÉMARRER

Il n'y a rien de plus excitant pour un artiste que de pénétrer dans l'atelier d'un autre créateur. La façon dont il organise son espace et ce dont il s'entoure le caractérisent de manière infaillible. Ayez cela en tête en aménageant votre environnement de travail.

AMÉNAGER SON ATELIER

La clef d'un atelier stimulant et créatif, c'est l'ordre. Avoir chaque chose à sa place sera la cheville de votre inspiration. Si votre plan de travail est invariablement encombré, votre créativité va en pâtir. Farfouiller dans un tas de fils et de rubans emmêlés, de boutons orphelins, où vos ciseaux pourtant indispensables ont disparu, vous ferait perdre un temps précieux.

Dans les prochaines pages, des créatrices telles que Emma Lamb (p. 14), Helena Schaeder Södeberg (p. 22), Elyse Major (p. 42) et moi-même allons vous montrer comment concevoir votre atelier. Vous aurez ainsi plus de temps et de liberté pour vous consacrer à vos créations, que vous préfériez le scrapbooking, le crochet, la couture ou la papeterie.

Tout d'abord, il va vous falloir trouver l'endroit idéal; un espace qui sera votre lieu de travail permanent et qui contiendra tout ce dont vous avez besoin. Ceux qui ont la chance de vivre dans un endroit assez grand pour y consacrer une pièce entière sont les plus chanceux. Ce n'est pas votre cas ? Le coin d'une pièce, une partie de couloir ou même une grande armoire peuvent faire l'affaire, tant que seul s'y trouve ce qui vous inspire et vous permet de réaliser vos créations. Ne négligez pas la lumière naturelle, ni le calme, pour laisser libre cours à votre imagination.

Rassemblez toutes vos fournitures en les regroupant par catégories, celles qui vous semblent les plus évidentes, en gardant à portée de main ce dont vous vous servez le plus souvent. Ne vous précipitez pas pour acheter boîtes et bacs de rangement, vous risqueriez de vous retrouver encombré d'éléments peu adaptés. Si vous avez plusieurs cordes à votre arc créatif, séparez-les et classez-les par thèmes. Une fois ce tri indispensable accompli, vous allez pouvoir vous attaquer au rangement.

Le choix des éléments est primordial, que ce soit des bocaux de verre et des contenants transparents – pour tout le matériel qui se perd, se mélange et s'égare systématiquement –, ou des caisses et des paniers ouverts, posés au sol et à portée de main pour reprendre facilement les travaux en cours. Faites preuve d'originalité, ne vous limitez pas aux magasins d'emballages et d'accessoires de rangement, arpentez marchés, brocantes et vide-greniers en détournant et en récupérant tout ce qui peut vous sembler être à la fois utile et original – et qui mettra en valeur votre style et construira votre identité visuelle.

Mettez au point un système que vous pourrez moduler au gré de vos besoins.

Crochets, tringles et autres peuvent servir de supports polyvalents, tel un porte-serviette transformé en support original pour vos bobines de ruban. Entretenez votre imagination, détournez la fonction première d'objets qui vous plaisent et exposez-les.

Enfin, l'élément principal : un vaste plan de travail. Sélectionnez une table solide et suffisamment grande (voir p. 30 comment en fabriquer une vous-même) et, à un des coins, fixez-y un mètre ruban, toujours utile.

Ci-dessus : *suspendez les chutes de tissus à des crochets personnalisés à votre goût.* ***Ci-dessous :*** *rangez joliment vos rubans sur de grosses bobines de bois.*

CONSEILS ET ASTUCES

- Une chaise robuste est indispensable, et plus elle aura de style, mieux ce sera.
- En plus de l'éclairage général, électrique et naturel, installez des sources de lumière plus précises et intenses qui seront indispensables pour les travaux de précision.
- Prévoyez des éléments de rangements mobiles pour déplacer facilement vos fournitures.
- Dédiez un espace aux outils dont vous avez besoin pour chacun de vos projets ; ciseaux, pistolets à colle, rubans adhésifs, etc. Rangez-les de façon à les avoir à proximité ; dans un tiroir ou, par exemple, suspendus par des crochets à une grille au-dessus de votre bureau. Les accessoires que vous utilisez moins fréquemment, et rangés plus loin, devront toutefois être clairement identifiés pour vous éviter de perdre du temps à les chercher.
- Utilisez tout ce qui est disponible : sous un lit, au-dessus d'une porte, dans un coin... vous serez étonné par la quantité d'espace utile où tout ranger astucieusement.
- Accrochez ou suspendez les chutes de tissu : c'est pratique et joli et vous jouerez avec les textures et les matières plus souvent que si vous en aviez fait des piles enfermées dans des boîtes ou des paniers.

DAIRY BOX

À LA RENCONTRE DES CRÉATEURS

EMMA LAMB

Emma Lamb est designer textile, blogeuse, et possède son e-boutique. Elle vit et travaille à Édimbourg, en Écosse, dans l'atelier qu'elle s'est installé chez elle. Après des études sur les tissus imprimés aux Beaux-Arts d'Édimbourg, elle a travaillé pendant dix ans comme créatrice de tissus. Sa patte était déjà fortement marquée par les traditions artisanales. En partant de tissus existants, elle brode, coud des appliqués, imprime et incorpore des éléments de tricot ou au crochet, embellissant et transformant manuellement chaque projet.

« Je suis une incorrigible collectionneuse de vieilles boîtes en étain, de bols à motifs floraux et de boîtes décorées ; qui ont tous l'avantage de pouvoir joliment recueillir tout mon petit matériel : fils, boutons, bobines, etc. – un moyen idéal pour entretenir mon addiction ! »

En 2008, elle commença à se lasser de la production à la chaîne et des modes se faisant et se défaisant trop vite et commença à chercher comment mieux satisfaire sa créativité. Elle fit donc un retour aux sources et se concentra sur ce que lui avait enseigné sa mère : le tricot et le crochet.

1 *Rangez joliment vos rouleaux de papier dans des corbeilles ou des paniers, pour les avoir à proximité.*

RANGEMENTS

1 RANGEMENTS ET CRÉATIVITÉ

- Collez au fond des tiroirs du papier antidérapant pour empêcher vos objets de rouler dans tous les sens.
- Rangez vos outils dans des pots et des bocaux joliment décorés.
- Donnez une nouvelle vie à toutes sortes de boîtes en les personnalisant de manière artistique et originale.
- Exposez vos fournitures préférées dans de la vaisselle ancienne dénichée au marché aux puces ou dans une brocante.
- Soyez créatifs : recyclez en imprimant votre style aux éléments de rangement que vous possédiez déjà.

2 LE CULTE DE L'ORDRE

- Remettez toujours à sa place ce dont vous venez de vous servir.
- Réaménagez et faites encore de la place pour en avoir toujours plus.
- Dressez un inventaire et gardez-le à jour.
- Collez sur vos boîtes des photos des objets qui y sont rangés.

2 *Aménagez vos propres casiers de rangement et organisez vos fournitures pour que tout soit facilement trouvable.*

3 *Utilisez différents types de tiroirs, d'étagères et de pots, identifiés par des couleurs, pour chaque catégorie de travaux manuels. Attribuez-leur un emplacement, propre à chacun.*

4 *Constituez un panneau d'inspiration pour entretenir et développer votre créativité.*

5 *Détournez des rangements pour épices ou des casiers à bouteilles en étagères astucieuses.*

3 S'ORGANISER, ORGANISER, RÉORGANISER

- Attribuez un espace à chaque activité.
- Utilisez toute la hauteur de la pièce en fixant étagères et crochets jusqu'au plafond.
- Étiquetez, étiquetez, étiquetez. Utilisez tout ce qui peut y servir, supports magnétiques ou craies et ardoises.
- Classez selon le système qui vous semble le plus logique.

4 ENTRETENIR SON INSPIRATION

- Collez, accrochez ou punaisez toutes vos sources d'inspiration ; celles que vous admirez et vos propres travaux.
- Dénichez des présentoirs pour y ranger cartes et photos qui entretiennent votre imagination.
- Soyez attentif à l'éclairage.

5 QUE TOUT SOIT BEAU ET PRATIQUE

- Acquérez ou fabriquez (p. 30) un plan de travail confortable et à toute épreuve.
- Choisissez des outils beaux et de qualité.
- Gardez à proximité vos outils les plus usuels.
- Profitez des murs qui vous entourent - pourquoi ne pas suspendre vos outils à une barre magnétique ?
- Utilisez un panneau alvéolé, polyvalent et utile de mille façons.

FABRIQUER...

UN DÉVIDOIR À RUBANS

Fini les rubans qui se défont et s'emmêlent ! Alignez vos rouleaux sur des tourillons et l'extrémité des rubans sortira par les œillets percés aux côtés de votre boîte, selon le nombre de rubans que vous y aurez mis. Fabriquez et empilez autant de boîtes-dévidoirs que désiré pour des rubans joliment disponibles.

1. Choisissez une boîte adaptée, telle qu'un carton à chaussures ou à photos. Avant de commencer, glissez vos bobines de rubans sur les tiges et assurez-vous qu'elles rentrent bien dans la boîte. S'il vous manque des bobines, fabriquez-en en carton.

2. Tracez des repères à l'endroit où le tourillon devra reposer et fixez de chaque côté un petit morceau de carton qui servira de support.

3. Recouvrez votre boîte de papier (p. 28).

4. Déterminez le nombre d'ouvertures à percer, correspondant au nombre de rubans que vous aurez accumulés sur chaque tourillon.

5. Utilisez des œillets dont le diamètre correspond à la largeur des rubans, et marquez précisément leur taille et leur emplacement.

6. Perforez les emplacements, puis fixez les œillets à l'aide de la pince dédiée.

7. Rangez les rubans dans la boîte et faites sortir par chaque œillet un bout du ruban qui lui correspond. Refermez avec le couvercle : votre dévidoir est prêt.

OUTILS ET FOURNITURES

- Boîte en carton rectangulaire
- Tourillons
- Du carton
- Papier créatif, uni ou à motifs
- Œillets (de différents diamètres)
- Perforatrice et pince à œillets

1

3

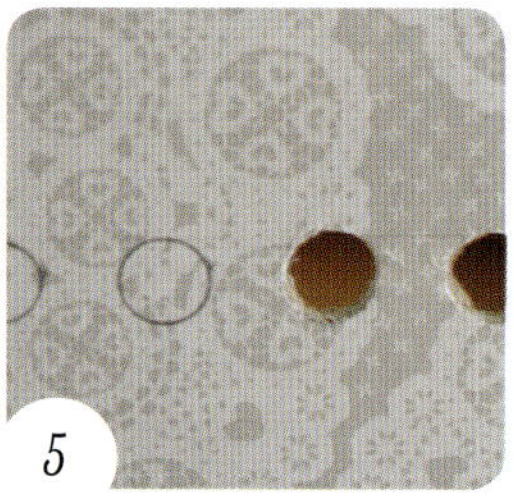
5

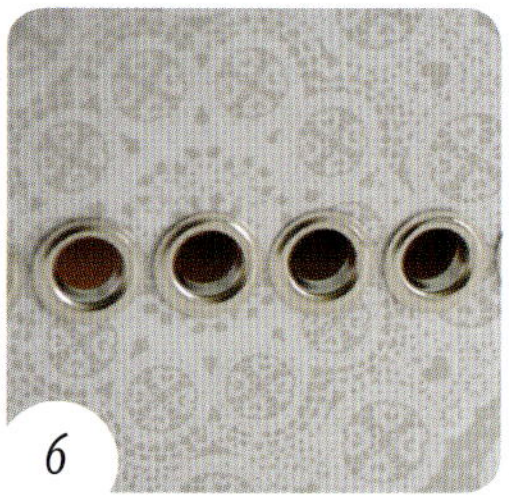
6

7

7

UN PORTE-BOBINES EN BOIS

Être entouré d'accessoires joliment et habilement présentés stimule la créativité. Grâce à ce support en bois, vous obtiendrez sans difficulté un accessoire pratique pour ranger vos rubans. Regroupez-les par couleurs, assortissez-les, faites-en un élément de décoration – tout en assurant votre style. Pourquoi ne pas en fabriquer plusieurs et exposer des palettes uniques et originales ?

1. Percez délicatement, au centre de la rondelle, un trou du diamètre de votre tourillon. Collez et laissez sécher.

2. Percez un trou équivalent au dos de la poignée en bois, aux trois quarts seulement, en veillant à ne pas la percer de part en part.

3. Vérifiez que le tourillon est bien collé et que, de l'autre côté, il rentre bien dans le trou percé dans la poignée.

4. Peignez avec soin tous les éléments. Appliquez plusieurs couches et laissez sécher.

5. Enfilez les bobines, puis enfoncez la poignée pour les bloquer.

OUTILS ET FOURNITURES

- 1 rondelle en bois, de la taille d'une sous-tasse
- 1 tourillon de 25 cm
- 1 perceuse
- Colle à bois
- 1 poignée ronde en bois
- Peinture
- Pinceaux

2

3

ASTUCES

- Donnez un style « shabby chic » en peignant le support en blanc avant de poncer légèrement la dernière couche et lui donner un look plus rétro.
- Pour un style plus strass et glamour, utilisez de la peinture à paillettes ou à effets métalliques.

À LA RENCONTRE DES CRÉATEURS

HELENA SCHAEDER SÖDERBERG

Helena Schaeder Söderberg est la fondatrice du site *Craft & Creativity* et la propriétaire de la boutique *Make & Create*. Elle est d'une lignée d'artistes : son grand-père était horloger, inventeur et artiste, et sa mère, une couturière émérite, en plus d'être une adepte du fait main. Helena a toujours fabriqué, de tout, et ses souvenirs d'enfance sont emplis d'images de sa mère et elle, assises à la table de la cuisine et créant. Elle le fait toujours, aujourd'hui, avec sa mère, sauf que se sont ajoutées à leur table ses deux filles.

Helena a commencé, il y a des années, à publier des photos de ses œuvres sur Flickr et recevait constamment des demandes concernant son blog, en avait-elle un ? Elle le lança en 2011 – *Craft & Creativity* – qu'elle alimenta en guides pratiques et en exemples de réalisations. Son blog devint rapidement très populaire et elle recevait tout le temps des demandes concernant le matériel nécessaire à réaliser les produits qu'elle montrait. Elle ouvrit donc sa boutique d'accessoires et de fournitures avec Jon, son associé : *Make & Create,* une e-boutique qui a beaucoup de succès. Helena vit avec son mari, leurs deux filles et leurs chats, à Vallentuna, en Suède.

« J'adore mon espace de travail où tout est parfaitement à sa place et où je retrouve tout ce que je désire facilement. Sur un mur, j'accroche mes sources d'inspiration : cartes postales, imprimés et chutes de tissus. Et, comme je suis une créatrice ordonnée, j'ai des boîtes et des bocaux pour tout. Je range même mes rubans dans des boîtes vides de Tic Tac®. »

Hybrid
Hybrid
Pentel K106 Milky gel roller
Pentel K106 Milky gel roller
Pentel K106 Milky gel roller

DE JOLIS POTS À CRAYONS

Obtenez d'élégants pots à crayons en recouvrant des boîtes de conserves de papiers décoratifs, – une présentation simple et peu coûteuse à réaliser. Tous vos crayons, vos feutres et vos pinceaux seront joliment rangés et disponibles ; et cela mettra en valeur votre personnalité.

OUTILS ET FOURNITURES

- Boîtes de conserves vides
- Papier ou cartoline à motifs ou unis
- Ruban adhésif double-face
- Ciseaux
- Peinture en spray (facultatif)
- Masking tape japonais (en papier Washi/facultatif)

1. Lavez et séchez les boîtes de conserves. Découpez le papier ou la cartoline à la taille de la boîte (vous pouvez vous aider de l'ancienne étiquette).

2. Recouvrez les cylindres de bandes de double-face.

3. Retirez la seconde bande protectrice de l'adhésif, puis collez et enroulez délicatement les décors choisis autour de vos boîtes. Remplissez de pinceaux, crayons et stylos.

1

2

3

ASTUCES

- Utilisez des boîtes de chips « Pringles » et conservez aussi leurs couvercles.
- Peignez vos boîtes à la bombe.
- Recouvrez de masking tape japonais.

UN COFFRE EN TISSU

Rien de mieux que des rangements chic et harmonieux pour échapper au fouillis et laisser libre cours à votre imagination. Ce coffre recouvert de tissu est à la fois pratique et original : un « must ».

1. Dévissez tous les éléments métalliques.

2. Mesurez le dessous et les côtés du coffre en prévoyant suffisamment de longueur pour aussi recouvrir l'intérieur du coffre. Coupez le tissu à ces mesures.

3. Appliquez une couche fine et régulière de colle sur le sommet du couvercle. Patientez légèrement le temps que la colle « prenne ».

4. Posez le couvercle sur le tissu. Coupez le tissu au niveau des angles pour le plier correctement.

5. Recouvrez maintenant d'une fine couche de colle chaque côté du couvercle et patientez à nouveau un peu, que la colle « prenne ».

6. Ajustez un des longs côtés du tissu et recouvrez la boîte. Appliquez de la colle à l'intérieur du couvercle, comme décrit précédemment.

7. Pliez le tissu à l'intérieur du couvercle et fixez les attaches métalliques. Renouvelez l'opération sur le côté le plus long. Répétez les étapes 2 à 7 sur les côtés courts.

OUTILS ET FOURNITURES

- Coffret en bois brut à fermetures et fixations métalliques
- Colle blanche pour bois et dérivés
- Tissu
- Crayon à papier
- Ciseaux
- Tournevis

1

3

5

6

7

7

CONSEIL

- Si les bords du tissu s'effilochent, appliquez un peu de colle. En séchant, la colle ne se verra plus et les fils ne se déferont plus.

DE JOLIES BOÎTES DE RANGEMENT

Entourez-vous de jolies boîtes pour y ranger vos chutes de tissu ou de papier et vos éléments de scrapbooking. Vous ne perdrez rien et tout sera en ordre.

1. Placez votre papier sur votre plan de travail, face imprimée contre sa surface. Posez la boîte et laissez suffisamment de papier de chaque côté de façon à pouvoir recouvrir toute la boîte.

2. À l'aide d'un crayon à papier tracer les contours de la boîte, puis posez sur ses côtés pour tracer aussi les coins.

3. Coupez près de vos marques au crayon en laissant une marge supplémentaire d'environ 6 mm par sécurité.

4. Une fois votre papier coupé, placez la boîte au centre, puis utilisez du ruban adhésif double-face pour maintenir le papier en place et pliez chaque coin et chaque pli.

5. Découpez le long de vos marques. Suivez vos marques pour couper vers chaque coin. Faites bien attention à couper droit et de manière à obtenir, aux deux côtés, des rabats pointus et un rabat droit (comme montré sur la photo).

6. Utilisez de l'adhésif d'entoilage sur le haut des côtés les plus courts. Pressez et faites fermement adhérer les rabats pointus. Faites de même pour les rabats suivants. Coupez le papier qui dépasserait éventuellement.

7. Répétez le tout pour le couvercle et vous obtiendrez une magnifique boîte décorée.

OUTILS ET FOURNITURES

- Boîtes en carton rectangulaires et de toutes tailles
- Papier d'emballage, de scrapbooking ou papier peint
- Crayon à papier
- Ciseaux
- Ruban adhésif double-face
- Adhésif d'entoilage double-face, ou tout autre double-face solide

1

2

4

5

6

7

LE BUREAU DE CRÉATION

Impossible de concevoir ni réaliser de créations faites main sans un plan de travail pratique et confortable. Concevez le vôtre, aussi beau et élégant que ceux proposés par les meilleurs designers, mais à moindre frais. Un plateau posé sur des casiers sans fond et des éléments de bibliothèque… et voilà le bureau idéal : haut, large, fonctionnel et facile à déplacer. Vous n'avez plus qu'à déterminer les dimensions qui vous conviennent, acheter les éléments en conséquence, puis à faire découper des panneaux sculptés, en bois ou en médium (MDF), et recouvrir les côtés de vos étagères. Vous avez maintenant des rangements judicieux et le plus parfait des bureaux !

1. Commencez par trouver des étagères ou des casiers suffisamment hauts, idéalement 100 cm.

2. Si vous n'en trouvez pas de la hauteur voulue, empilez et assemblez plusieurs éléments en les fixant les uns aux autres par des chevilles ou avec de la colle à bois. Puis choisissez un plateau, d'une largeur équivalente à la longueur de vos colonnes de rangements et suffisamment large pour que vous puissiez y glisser dessous un tabouret ou une chaise et vous y asseoir.

3. Si vous choisissez d'ajouter des panneaux décoratifs aux côtés de vos casiers, trouvez un professionnel qui pourra soit vous en proposer des tout faits, soit sera capable de réaliser des découpes ou des motifs selon vos propres dessins. Assemblez casiers et éléments de rangements.

4. Appliquez soigneusement la colle à bois au dos de vos panneaux décoratifs.

OUTILS ET FOURNITURES

- Casiers et éléments de bibliothèques, blancs et sans fond
- Plateau de table (une grande planche)
- Perceuse et chevilles en bois
- Colle à bois
- 2 panneaux sculptés en bois ou en MDF (de la largeur et de la hauteur de vos colonnes de rangements)

ASTUCES

- Peindre le bureau en plusieurs couches légères pour tout égaliser.

1

2

4

LE BUREAU DE CRÉATION (suite...)

5

6

7

5. Positionnez avec soin les panneaux décoratifs sur le côté de vos colonnes de casiers et laissez sécher.

6. Percez un trou au sommet de chaque colonne.

7. Insérez une cheville.

8. Percez un trou correspondant sous le plateau de votre table.

9. Placez le plateau et sécurisez-le en faisant rentrer les chevilles.

9

DES BOCAUX RECYCLÉS

Pratiques et rigolos, ces bocaux peuvent renfermer toutes sortes d'accessoires. Et il en existe de toutes les tailles, pour tous les besoins.

OUTILS ET FOURNITURES

- Petits animaux en plastique
- Bocaux en verre et leurs couvercles (lavés et étiquettes retirées)
- Colle extra-forte
- Peinture en bombe

1. Collez une figurine au centre d'un couvercle, laissez sécher. Renouvelez l'opération pour chaque couvercle.

2. Avant de commencer à peindre, protégez votre plan de travail avec un grand carton ou une bâche en plastique. Tout en respectant les consignes d'utilisation, pulvérisez la peinture abondamment sur le couvercle et la figurine, jusqu'à ce que leurs couleurs originelles n'apparaissent plus. Laissez bien sécher.

3. Vissez vos couvercles sur vos bocaux, remplis au préalable de petites fournitures.

1

2

« Il n'y a rien de plus pratique que plein de bols, bocaux et boîtes colorés pour ranger tout le petit matériel. Tout sera parfaitement rangé et, en plus, ce sera joli sur vos étagères. »
City Chic Country Mouse

PLANCHES DE TENDANCE

Le cadre de votre atelier désormais adapté à votre énergie créatrice, il ne vous reste qu'à créer vos planches de tendance. Il en existe deux sortes : le tableau d'humeur et le tableau d'inspiration, chacun consistant en une collection d'images, de mots, d'articles découpés, de collages et de textures, que chaque créateur compose, assemble et utilise comme référence pour ses projets en cours.

Ces tableaux sont utilisés dans tous les métiers de création – mode, architecture, graphisme, beaux-arts… écriture, mais aussi dans les métiers du multimédia, de l'information et de la communication. Ils permettent d'exposer et d'enrichir les travaux en cours, et de partager les idées entre les membres d'une équipe ou de communiquer avec les clients.

Un tableau d'humeur exprime une atmosphère, regroupe les sources d'inspiration, installe une ambiance et favorise le processus créatif. Prenez l'habitude de jouer avec des concepts – et associez sensations et humeurs.

Un tableau d'inspiration est plus technique et précis. Il présente références, études, ébauches et prototypes – les éléments constitutifs du projet fini. Réservez-le aux couleurs, aux lignes, aux matériaux et aux finitions.

En bref, un tableau d'humeur reflète votre état d'esprit et vos influences, un tableau d'inspiration rassemble les caractéristiques de votre produit et indique déjà à quoi il ressemblera. Le tableau d'humeur guidera vos choix pour le tableau d'inspiration, qui développera précisément l'humeur qui émergeait du premier.

Ce sont des remue-méninges intuitifs et efficaces pour trier, resserrer et concrétiser vos idées et vous faciliter la conception, puis la réalisation de vos travaux. Vous ne serez plus à la merci d'intuitions flottantes et de rêveries, s'évanouissant avant même de se matérialiser. Vous pourrez aussi porter à volonté des modifications à vos idées, légères ou plus radicales, au lieu de perdre temps et effort en tâtonnant dans leur mise en œuvre.

Si vous travaillez à plusieurs, les planches de tendance permettent de préciser les intentions de chacun. En encadrant les mots d'illustrations et d'échantillons, tout devient plus clair. Une planche de tendance vous sera aussi nécessaire si vous faites appel à quelqu'un pour la charte graphique et l'identité visuelle de votre site Web.

Les idées se trouvent partout ; découpez les magazines et parcourez le Net, ramassez nuanciers et échantillons à votre disposition dans les rayons de loisirs créatifs et de bricolage, collectez boutons, fils à broder et tous les accessoires possibles : cartes postales, publicitaires et gratuites, feuilles, bouts ou carrés de papier, fins, épais ou gaufrés, papier peint, masking tape de toutes les couleurs, unis et à motifs, tampons, autocollants, gommettes, verroterie et perles fantaisie, cailloux et coquillages... tout, tout et tout ce qui vous plaira et qui vous inspire. Les panneaux sont

POURQUOI CRÉER UNE PLANCHE DE TENDANCE ?

- C'est une façon ludique d'entretenir la « machines à idées ».
- Pour remettre de l'ordre dans cette nuée d'idées et de couleurs floues ; un rêve très éveillé qui va vous aider à relever les défis que vous vous êtes adressés.
- Parce que souvent nous croyons avoir une idée précise de ce que nous aimons ou de ce que nous voulons représenter, alors que nous avons des difficultés à le synthétiser et à l'expliquer.
- Elle est un outil formidable pour déterminer votre palette de couleurs ; et LA méthode pour entrevoir dès les premières étapes de votre projet tout ce dont vous aurez besoin pour le mener à son terme.

Ci-dessous : *ce panneau aligne sources d'inspiration et matériaux accrochés par des clips et des pinces, au lieu de punaises et de scotchs qui les auraient abîmés.*

faciles et amusants à composer, manuellement ou sur un ordinateur, et ne nécessitent souvent aucune dépense !

Et pourquoi ne pas élaborer une planche de tendance, avant de commencer à aménager votre espace de travail ? Vous synchroniseriez l'élaboration de votre identité visuelle avec la création de votre marque.

Avant tout, composez votre tableau d'humeur. Quelle atmosphère voulez-vous créer ? Quels thèmes allez-vous favoriser ? Et quels objectifs, quels désirs et quelle atmosphère doit entretenir votre tableau ? À propos d'image de marque et de sa création : que voulez-vous imprimer à la vôtre, que voulez-vous qu'elle dise de vous ? Quelles impressions voulez-vous susciter lorsque vous vous lancerez : espiègle et joyeuse, chaleureuse et cosy, glamour et sophistiquée… ? Comment allez-vous installer une image cohérente et reconnaissable ?

Commencez par étaler vos collections d'esquisses, d'images et de trouvailles. Déplacez-les, rassemblez-les, réorganisez-les et voyez ce qui émerge, ce qui fonctionne et ce qui s'accorde. Bouchez les trous, élaborez des combinaisons originales, en cherchant dans des journaux et sur Internet ce qui peut compléter ou rehausser la tendance qui se dessine déjà. Souvent, en procédant ainsi, un style apparaît de façon évidente. Vous allez découvrir que certaines couleurs et certains matériaux vous attirent plus que d'autres, que vous préférez ceux-ci à ceux-là. Amusez-vous, gardez un esprit léger et laissez-vous guider par l'atmosphère que dégage votre patchwork. Reculez, puis revenez-y, faites une pause et notez ce qui retient votre attention et vous séduit. Souvent, de bonnes surprises émergent de ce qui semblait n'être de prime abord qu'un regroupement hétéroclite et flou.

À l'étape suivante, cherchez la surface idéale pour regrouper tout ce qui illustre la tendance générale de votre humeur, elle doit être visible à tout moment et de préférence plane et verticale. Il existe d'innombrables types de supports : plaques et panneaux en bois ou en liège, grandes feuilles de papier épais ou carrément toute la surface d'un mur, selon que vous préférez utiliser punaises, pinces, colle, rubans adhésifs, crochets, tringles ou aimants… vous n'avez que l'embarras du choix.

Si vous avez l'intention de mettre vos tableaux sur les réseaux sociaux et plus généralement sur la Toile, faites bien attention au respect des droits d'auteur (le copyright). Privilégiez l'utilisation d'images et d'articles dits « libres de droit ». Recherchez de préférence, sur Flickr par exemple, des contenus qui sont publiés sous une licence Creative Commons work (p. 123).

Prenez des photos de votre panneau, sur votre téléphone portable ou faites-en des tirages, pour pouvoir le regarder n'importe où et à n'importe quel moment, et entretenir votre réflexion créative.

Faites un tableau d'inspiration pour définir la charte graphique de votre marque. Les illustrations peuvent ne pas être que les vôtres et comporter des travaux d'artistes que vous admirez – reproductions de tableaux, graphismes, motifs, dessins, textures et palettes. Les textes qui s'y mêleront, et reflètent votre univers, peuvent ne privilégier que typographies ou citations.

Généralement, les tableaux d'inspiration n'ont pas besoin d'être une œuvre d'art : c'est une collection d'images et d'idées qui va entretenir votre énergie créatrice. Malgré ce que je viens d'écrire, je suis certaine que vous allez vous efforcer de composer une présentation harmonieuse et belle. Triez et découpez avec soin tout ce qui va la constituer. Quelques grandes images font une bonne base, puis jouez avec les tailles et les formes, la couleur et la qualité d'impression, pour obtenir un collage original et frappant. Vous n'avez pas besoin d'accumuler trop de matériaux : sélectionnez ceux qui décrivent le mieux votre point de vue et racontent une histoire.

Vous avez maintenant un espace de travail confortable et pratique, un tableau d'humeur qui résume vos idées et un tableau d'inspiration qui affiche le style et les caractéristiques de votre marque. Pourquoi donc ne pas faire connaître le tout et lancer votre image de marque ? Prenez exemples des artistes dont je parle dans ce livre. Lisez le portrait de Vicky Trainor, par exemple (p. 97) : sa marque de fabrique, c'est l'utilisation de couleurs primaires vives et claquantes, et le style sobre et net de ses articles de papeterie Wit & Whistle's correspond parfaitement à l'ordre et à la sobriété qui règnent dans son atelier.

Et si vous connaissez ma marque, Torie Jayne, mes pastels délicats, contemporains avec des touches vintage, vous sont familiers. Dans mon atelier se côtoient donc, des tiroirs en acrylique, un meuble à tiroirs ancien et des bocaux originaux en verre.

COMMENT MA PLANCHE A DÉFINI MA MARQUE

Ci-dessus : *vos idées et vos visuels regroupés, vous allez pouvoir vous concentrer sur votre palette de couleurs et vérifier si leurs teintes, leurs nuances et leurs tonalités correspondent à vos projets, et à votre marque (style, image de marque…).*

TORIE JAYNE

À gauche et ci-dessus : *mon style est contemporain avec une touche rétro, j'ai donc choisi un logo sobre et simple pour l'illustrer. Le choix des oiseaux pour celui-ci découle de mon tableau d'humeur.*

CONSEILS

- Les coupures de journaux ont tendance à gondoler, scannez-les et vous pourrez, en plus, les imprimer au format voulu.
- La colle en bombe est très pratique pour tout coller sur du carton, mais aérez bien votre local et protégez toutes les surfaces.
- Si vous préférez ne pas utiliser de punaises, optez pour des aimants. Il existe une grande variété de tableaux magnétiques dans les boutiques de loisirs créatifs.
- Les nuanciers des fabricants de peinture, disponibles dans les rayons de bricolage, sont de formidables sources d'inspiration.
- Ne vous limitez pas aux images : glanez tout ce qui peut illustrer votre état d'esprit et votre personnalité.
- La seule règle à suivre pour une planche de tendance, c'est qu'il n'y a pas de règle, lâchez donc la bride à votre créativité.

SOURCES D'INSPIRATION

- Textes
- Poèmes
- Coupures de journaux
- Rubans
- Fils
- Perles
- Boutons
- Petits jouets
- Verroterie
- Fleurs séchées
- Cartes
- Tickets de train, de concert, d'avion…
- Coquillages
- & tout ce qui s'accorde à votre humeur.

À LA RENCONTRE DES CRÉATEURS

ELYSE MAJOR

Elyse Major est la fondatrice de la marque *Tinkered Treasures.* Elyse a toujours aimé fabriquer de jolis objets faits main, et qu'elle soit mère et conseillère en communication ne l'a pas empêchée de poursuivre sa passion depuis chez elle.

« Ce qui m'inspire, c'est regarder les autres faire ce qu'ils aiment, que ce soit un créateur mettant sur pied un grand salon d'artisanat ou mes fils inventant leurs propres personnages de bande dessinée. Mes idées se trouvent partout autour de moi, que ce soit sur des post-it aux murs ou sur le carnet de notes de mon portable. »

C'est en commençant, il y a quelques années, à tenir un blog sur ses expériences dans le monde du DIY, qu'elle a redécouvert le bonheur de créer. Écrivain de talent, Elyse rédige régulièrement des articles pour les magazines *Romantic Homes, Romantic Country* et *French Country Style,* en plus d'avoir déjà publié son propre livre *Tinkered Treasures.* Elle est mariée et a deux garçons imaginatifs. Elle vit à Rhode Island, aux États-Unis.

DES PUNAISES DÉCORATIVES

Habillez vos tableaux d'inspiration avec ces adorables punaises pour y accrocher notes, idées et pense-bêtes. En un rien de temps, votre panneau sera recouvert d'oiseaux colorés, de fleurs ou de toute autre idée originale, qui lui apporteront couleur et singularité.

OUTILS ET FOURNITURES

- Punaises
- Cabochons en résine, à votre style
- Colle extra-forte

Prenez le temps de bien choisir des cabochons en accord avec votre style : c'est grâce à ce genre de détails, dans votre environnement créatif, que vous allez construire votre marque et fabriquer votre identité visuelle.

Assurez-vous que les têtes de punaises sont bien plus petites que les cabochons choisis. Puis collez-les ensemble et laissez sécher.

ASTUCE

- Vous pouvez fabriquer vos propres cabochons avec des moules en silicone et de la pâte polymère, que vous trouverez dans tous les magasins ou sites de ventes en ligne de loisirs créatifs (p. 130).

TJ
toriejayne.blogspot.com/
toriejayne@gmail.com
twitter.com/#!/ToriеJayne

CHAPITRE 2
CRÉER SA MARQUE

Créativité et personnalité. Un nom et un style percutants, une utilisation bien ciblée de la Toile et des réseaux sociaux, des photos de qualité professionnelle, des emballages et des étiquettes élégantes, vont définir votre identité de marque (le branding) et faire toute la différence. Je vais vous apprendre comment construire et rendre votre marque identifiable au premier coup d'œil, afin de fidéliser vos clients et d'en attirer de nouveaux.

L'ÉTUDE DE MARCHÉ

C'est un incontournable de la création d'entreprise, un passage obligé. Cette première étape va vous permettre de bien cibler les produits pour lesquels il existe une demande et qui généreront donc un bénéfice. Elle va aussi vous aider à prendre les décisions qui assureront la viabilité et le succès de votre entreprise. Cela peut paraître mystérieux, une tâche insurmontable et un luxe réservé aux grandes entreprises. Au contraire, ce n'est pas très compliqué. En réalité, une étude de marché se résume à comprendre les besoins des clients, ce qu'ils désirent acheter et en quelle quantité, puis à vérifier que vous pourrez bien répondre à ces exigences. Votre étude va collecter et interpréter des données. En analysant les réponses à vos questions, vous verrez si vos emballages sont bien adaptés, vous pourrez peaufiner vos méthodes d'envoi et choisir les meilleurs supports de ventes pour la commercialisation de vos créations faites main.

En conduisant une étude de marché, vous pouvez soit vérifier la faisabilité de votre projet et élaborer votre stratégie marketing, soit évaluer les points forts et les points faibles de votre entreprise. Les défauts que vous découvrirez seront tout de même plus faciles à corriger à la naissance de votre projet qu'en cours de route. C'est pour tout cela qu'il est essentiel de poser les bonnes questions, de la bonne façon et aux bonnes personnes. Chaque entreprise doit comprendre quels sont les produits recherchés ou désirés, quelles sont les intentions d'achats des clients potentiels et comment les cibler, les attirer et les fidéliser. Une étude approximative ou mal conduite peut vous entraîner dans une mauvaise direction. Ne paniquez pas si les résultats ne sont pas ceux que vous attendiez exactement… la capacité d'adaptation est une partie intégrante du processus entrepreneurial. Gardez à l'esprit que les opinions varient, les humeurs changent et qu'il sera utile de procéder à de nouvelles études tout au long de la vie de votre entreprise.

L'étude peut se faire via deux méthodes de recherches, la principale (de base) et la secondaire (complémentaire).

- La principale consiste à collecter des informations que vous allez obtenir personnellement pour les analyser ensuite. Vous le ferez à l'aide de questionnaires sur papier ou par Internet, au téléphone, sur les réseaux sociaux ou en face à face.
- La secondaire consiste à consulter des analyses conduites par d'autres et publiées sous forme de rapports ou d'articles.

Voici, pour éviter de perdre un temps précieux et de jeter l'argent par les fenêtres, les bonnes questions à vous poser et les erreurs de débutant à ne pas commettre.

LES ERREURS CLASSIQUES D'UNE ÉTUDE MAL CONDUITE

- Ne faire appel qu'à des informations de seconde main.
- N'utiliser que des rapports trouvés sur la Toile.
- Ne faire de sondages qu'auprès de vos proches.
- Ne tenir compte que des réactions positives (il faut aussi intégrer les critiques).

LES ENQUÊTES

Une étude bien menée produit des résultats remarquables. Mais comment y arriver et être efficace ? Mon premier conseil : faire appel à un site Internet de données en ligne comme SurveyMonkey (www.fr.surveymonkey.com). Ces plateformes d'études de marché en ligne vous permettent de choisir parmi des modèles d'enquête (si vous ne choisissez pas de concevoir le vôtre) et d'utiliser des outils d'analyse pour obtenir des comptes rendus intelligents et intelligibles.

Prenez le temps de vous demander, en rédigeant vos questions, si vous avez réellement besoin d'autant de réponses. Il n'y a rien de plus efficace qu'un sondage bref et concis, fait de questions simples et précises. N'omettez pas les données statistiques – âge, origines géographiques, genres, etc. –, ni d'inclure des indicateurs de participation pour maintenir vos sondés impliqués… Fournissez-leur une estimation du temps que prendra le sondage. Posez des questions « ouvertes », de façon à obtenir des réponses personnelles et sans idées préconçues.

Tout ceci accompli, analysez avec soin tous les éléments et toutes les données obtenus. Faites-en une synthèse. Vous allez pouvoir clairement identifier votre marché, sa tendance et adapter en conséquence vos projets créatifs.

QUESTIONS À POSER

- Que pensez-vous de ce produit ?
- L'achèteriez-vous ?
- À combien l'achèteriez-vous ?
- Où aimeriez-vous pouvoir l'acheter ?
- Avez-vous récemment acheté un produit similaire ? Si oui, où l'avez-vous acquis ?

À NE PAS NÉGLIGER

- Vos créations faites main ressemblent-elles à des centaines d'autres ? Si oui, comment allez-vous faire pour que les vôtres sortent du lot ?
- Étudiez la concurrence sous toutes les coutures, adaptez-vous et distinguez-vous.
- Consultez les sites d'enquête en ligne, épluchez les statistiques nationales, tout ce qui peut vous servir à comprendre les habitudes de consommation et l'évolution des prix ; ce sont des données gratuites et à votre disposition.

MONTER SON BUSINESS PLAN

C'est une pièce maîtresse de votre projet, qui définit votre plan d'action et votre feuille de route. Votre business plan vous aidera aussi à réaliser vos études de marché en définissant vos attentes avec précision.

Lancer une entreprise de créations faites main va vous faire aller bien au-delà du passe-temps. En utilisant une approche professionnelle et les outils adéquats pour commercialiser vos créations, vous allez pouvoir concrétiser ce qui n'était jusqu'à présent qu'un rêve. Le fait main est votre passion, vous prenez du plaisir à créer et vous avez du talent, mais un business plan bien construit est le support incontournable pour passer à la vitesse supérieure. La bonne approche, c'est de réussir à définir ce que vous voulez exactement et comment vous pensez y arriver, un business plan cohérent sera votre meilleur allié. Soyons réalistes, je ne connais personne qui a fait fortune par hasard.

Un bon plan permet de structurer ses idées, privilégier l'essentiel et se fixer des objectifs à long terme. Il définit une stratégie en recensant les critères à respecter pour garantir la croissance de votre entreprise.

Concrètement, c'est le document de synthèse qui résume votre entreprise, ses qualités et votre stratégie ; un outil de prévision à trois ou cinq ans qui liste tous les arguments démontrant que votre projet va fonctionner ; le document de référence pour vos démarches et pour vous-même, qui va vous permettre de vivre de votre rêve.

ANNABELLE OZANNE

Annabelle Ozanne est la fondatrice de la marque de tissus d'art *Three Red Apples*. Annabelle a commencé à inventer et créer dans le gigantesque atelier de son père en Bretagne, sa terre natale. Grâce à la découverte de la broderie sur machine à main levée, elle a pu « changer de vie » et démarrer une nouvelle carrière.

« L'artisanat d'art permet de faire survivre des traditions, une expertise qui m'est essentielle. Il m'est évident que les nouvelles technologies et les techniques traditionnelles peuvent cohabiter et, parfois, se mêler. »

Dans sa première vie professionnelle, en tant que web designer, Annabelle utilisait l'ordinateur comme outil de création, mais lui manquaient la touche artisanale et le travail manuel. Elle a été séduite par l'idée de dessiner avec des aiguilles, et a donc commencé à travailler avec une machine à broder, puis à maîtriser l'art des points, devenant rapidement l'esclave consentante de son rythme répétitif, puis y ajouta la peinture et accentua motifs et couleurs sur les tissus anciens qu'elle brodait. Annabelle vit et travaille en Angleterre, à Devon.

TRAVAILLER L'IDENTITÉ DE SA MARQUE

L'élaboration de l'identité de marque – le branding, un terme de marketing un peu effrayant mais qui ne doit pas vous intimider – n'est pas le domaine réservé de la culture d'entreprise. Une marque est tout simplement une promesse faite aux clients, le moyen de reconnaissance immédiat de vos produits et de votre personnalité. C'est une série d'indices qui nomment et identifient votre démarche et vos créations.

Et pour faire connaître sa marque, son image, et marteler le message, il faut la vivre. C'est vous, un créateur vivant et dynamique, qui êtes votre marque ; un logo et un nom en plus…

Où que vous alliez, quoi que vous fassiez, en éveillant intérêt et curiosité, vous personnifiez votre marque et la représentez. Toutes les occasions sont bonnes, que vous receviez chez vous, que vous sortiez, au travail ou à toute autre occasion, sans oublier l'apport inestimable des outils et supports disponibles sur Internet. Votre marque et vous-même êtes indissociables, votre marque est votre prolongement naturel.

Elle sera la pierre angulaire de votre entreprise, et vous différenciera de tous les autres créateurs. Le point commun de tous ceux qui ont réussi, c'est d'avoir créé une marque à leur image. Nous allons voir, dans ce chapitre, comment leur personnalité transparaît dans leur marque, les rend unique et reconnaissable. Alors jouez le jeu, ne vous limitez pas et ne soyez pas timide, montrez qui vous êtes et restez fidèle à votre univers et à vos valeurs.

DÉTERMINER SON IDENTITÉ VISUELLE

Vous allez choisir les éléments visuels de votre marque, qui seront présents sur vos emballages, vos étiquettes, vos cartes de visite, votre profil Internet… Votre logo, votre palette de couleurs, vos thèmes et vos polices de caractère sont déterminants. Éléments clefs de votre communication – puisque tous les supports peuvent servir à représenter votre marque –, ils seront visibles partout. Plus votre identité visuelle sera cohérente et séduisante, plus vous attirerez et fidéliserez vos clients, et vous encouragerez ceux qui vous suivent sur Internet à mettre votre site en « favori », à lire régulièrement votre blog, à s'abonner à vos fils, à vous « partager », à vous « retwitter » et à vous mettre des « J'aime » sur les réseaux sociaux.

Commencez par rassembler sur un tableau d'inspiration tout ce qui illustre votre artisanat et créativité : idées, textes, croquis, gammes colorées, échantillons…. Utilisez un pan de mur, un cadre en liège ou un très grand cahier. Vous pouvez trouver de l'inspiration ailleurs, mais ne copiez pas le style ou le look d'une autre marque.

L'objectif, c'est d'obtenir une composition stimulante qui décrit parfaitement votre travail, en procédant petit à petit, par retraits et ajouts successifs. Votre style doit ressortir de façon évidente, et vos goûts personnels et vos valeurs clairement apparaître. Notez aussi les mots qui définissent le mieux votre travail.

Imprimer sa griffe et asseoir sa marque peut se faire de différentes façons et prendre différentes formes, selon vos produits et les outils de communication, mais veillez à donner une image forte et originale pour que votre marque soit reconnue au premier coup d'œil.

1. Accrochez matériel et couleurs qui vous inspirent le plus.

2. Constituez votre gamme de couleurs en rassemblant des échantillons.

3. Commencez à créer votre logo en sélectionnant les objets ou les formes les plus caractéristiques de votre marque.

4. Dessinez le bandeau qui servira sur tous vos articles de papeterie et sur la Toile.

Ci-dessus : une sélection de badges de la collection de Tabitha Emma (p. 113).

Ci-dessus : les cartes ruches d'Amanda Wright (p. 58).

DES CRÉATRICES ET DES STYLES

- « Romantique, féminine et rock avec un imaginaire enfantin », Anne Cresci, *Matilou* (p. 107)
- « Mignon, insolent, mélancolique, pastel, dynamique », Mel Stringer, *Girlie Pains* (p. 75)
- « Pur, simple et bio », Amanda Wright, *Wit & Whistle* (p. 58)
- « Fantaisiste et éclectique avec une touche d'humour », Anabelle Ozanne, *Three Red Apples* (p. 49)
- « Je décrirais mon style comme étant une collection de créations inspirées de l'artisanat d'art, des techniques et de l'éthique des années 1940 et de mon amour pour les tissus à motifs floraux. » Vicky Trainor, *The Vintage Drawer* (p. 7)

Ci-dessus : les cercles de broderie d'Annabelle Ozanne (p. 49).

À LA RENCONTRE DES CRÉATEURS
STUDIO SNOWPUPPE

Nellianna van den Baard, Kenneth Veenenbos et Fleur van Dusseldorp sont les créateurs de la collection de lampes en origami *Studio Snowpuppe*. Nellianna, architecte, aime créer des objets qui rendent le monde plus accueillant. C'est son père qui lui a transmis la beauté du pliage de papier. Kenneth est dessinateur industriel et trouve ses sources d'inspiration dans la nature. Fleur, urbaniste de formation, est une technicienne du papier et une pâtissière émérite.

« Chaque création ressemble à un puzzle.
Quand nous la commençons,
nous ne pouvons pas nous arrêter
avant de l'avoir terminée. »

Snowpuppe produit des abat-jour en papier-parchemin qui diffusent un éclairage doux et cosy. Ces abat-jour géométriques sont faits à partir de feuilles de papier pliées et assemblées pour devenir des pièces sculpturales et parfaitement ajustées.

Avec leurs chats, June et Ayla, l'équipe de *Snowpuppe* travaille dans leur atelier aux Pays-Bas, à La Hague, d'où ils créent, fabriquent et vendent autour du monde leurs abat-jour aux matériaux simples et naturels.

UNE MARQUE À VOS COULEURS

Vos couleurs vont définir votre identité visuelle et votre marque. Le choix des couleurs de votre logo, des pages de votre site Web et de vos produits vont déterminer l'impact visuel de votre marque.

Les couleurs créent et symbolisent des ambiances différentes. Elles influencent nos humeurs et nos émotions, le soin porté à leur sélection est donc une étape fondamentale du processus d'élaboration d'une marque. Vous devez obtenir une palette qui permette à vos clients potentiels de vous identifier instantanément, de comprendre qui vous êtes et comment vous travaillez.

Laissez-vous guider vers les couleurs qui vous attirent le plus. Sur votre tableau d'inspiration : quelles sont les couleurs les plus présentes, celles qui mettent le plus en valeur vos idées et votre univers ? De quelles couleurs aimez-vous vous entourer, lesquelles vous stimulent le plus et vous rendent joyeux, lesquelles vous sont indispensables ? Collectez des nuanciers de teintes et de nuances dans les rayons de peinture ou utilisez un logiciel de dessin pour vous faire une palette virtuelle.

Réduisez votre sélection à 4 ou 6 couleurs : 1 ou 2 couleurs principales et 3 ou 4 couleurs complémentaires. Affichez votre sélection et examinez-la en vous demandant si cette palette s'accorde bien à votre style et à vos créations. Reflète-t-elle parfaitement l'impression que vous voulez produire ? S'en dégage-t-il l'atmosphère que vous désirez ? Correspond-elle à l'âge et au genre de votre future clientèle ?

Continuez à observer et à travailler votre palette jusqu'à en tomber amoureux, jusqu'à ce que vous adoriez le message qu'elle fait passer et ce qu'elle dit de vous et de vos valeurs. Puis emparez-vous de vos couleurs, utilisez-lez, – et seulement celles-là – pour toute votre charte graphique : sur votre blog, sur votre logo, sur vos emballages. En procédant ainsi, vous aurez trouvé vous aussi votre palette professionnelle, celle d'une grande marque.

VOCABULAIRE

Luminosité : teintes contenant plus ou moins de noir.

Tonalité : en ajoutant du gris, on rend une teinte moins saturée.

Saturation : teintes contenant plus ou moins de blanc.

Couleur complémentaire : utilisée en petite quantité pour relever et donner un coup de fouet aux couleurs d'un projet.

COULEURS PRIMAIRES

Les trois couleurs primaires sont le magenta (un rouge), le jaune et le cyan (un bleu). Elles ne peuvent pas être créées par le mélange d'autres couleurs.

COULEURS COMPLÉMENTAIRES

Ce sont les couleurs qui se trouvent diamétralement opposées dans le cercle chromatique. Choisissez un rose sur le cercle et tracez une ligne droite vers l'autre côté du cercle pour obtenir sa couleur complémentaire. Ces couleurs, en contrastant, se renforcent mutuellement. Sur le cercle des couleurs, les couleurs « chaudes » sont à gauche et les couleurs « froides » à droite.

COULEURS SECONDAIRES

En mélangeant en quantité égale deux couleurs primaires, on obtient une couleur secondaire – vert, orange et violet.

COULEURS INTERMÉDIAIRES

En mélangeant une couleur primaire à une couleur secondaire, en appliquant un ratio de 2 : 1, on obtient une couleur intermédiaire – rouge et orange, bleu et vert, etc.

COULEURS ANALOGUES

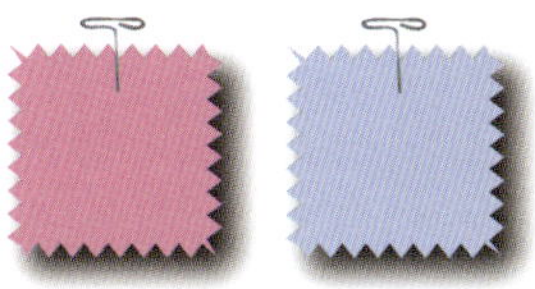

La couleur qui « suit » une couleur, sur le cercle chromatique, est une couleur analogue. L'une sera la couleur dominante d'un projet, l'autre l'enrichira.

COULEURS TRIADES

Couleurs obtenues en traçant un triangle équilatéral sur le cercle chromatique. Les couleurs trouvées aux trois pointes du triangle créent un contraste fort et puissant, mais parfaitement équilibré.

ASSOCIATIONS ET HARMONIES

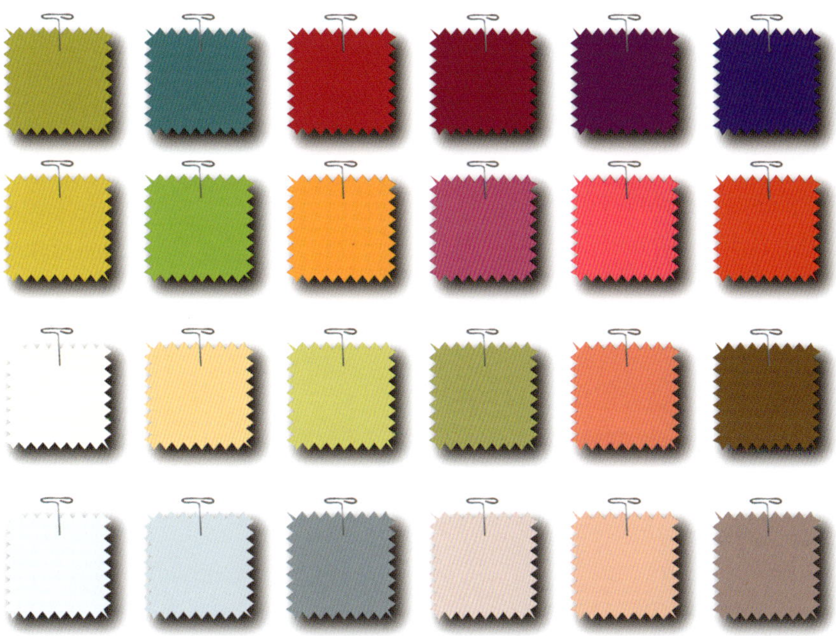

Saturées
Intenses et tirant vers le sombre, créent un effet dramatique.

Fraîches
Pastels vifs et couleurs franches, stimulantes.

Douces

Des couleurs douces, pour une atmosphère chaleureuse et décontractée.

Assourdies
Des couleurs délicates, atténuées et sophistiquées, qui détendent.

À LA RENCONTRE DES CRÉATEURS

AMANDA WRIGHT

Amanda est la créatrice de la marque d'articles de papeterie *Wit & Whistle*. Après ses études, elle travailla trois ans comme designer commercial, mais cela ne stimulait pas son énergie créative. Les modifications et les adaptations inévitables de ses projets pour satisfaire ses clients lui faisaient réaliser des œuvres qui ne lui ressemblaient plus. Elle commença donc, pendant son temps libre, à dessiner ses propres produits. *Wit & Whistle* propose des cartes de vœux piquantes et des articles de papeterie étonnants – tous conçus et dessinés par Amanda.

« *J'ai choisi ce nom, parce que je voulais associer des mots décrivant l'effet que mes cartes de vœux doivent déclencher - Wit : Humour et Whistle-worthy : qui délenche l'admiration.* »

Quand elle n'est pas en train de réaliser de nouveaux articles, Amanda baigne dans une constante activité créatrice : nouveaux dessins dans son carnet de croquis, projets de DIY, jardinage, projets photo, cuisine et pâtisserie. Amanda vit avec son mari Daniel et leurs deux chiens, Oliver et Mabel, dans une jolie maison de bois aux toits pentus à Cary, en Caroline du Nord.

TOUT EST DANS LE NOM

Le nom que vous allez choisir pour votre marque doit vous ressembler. Il doit être simple à retenir et à prononcer. Vérifiez qu'il ne soit pas déjà utilisé, ni déposé, que ce soit pour l'e-commerce ou celui de détail, et qu'il n'existe pas non plus de nom de domaine ni d'adresse Web du même nom. Testez-le sur vos emballages, vos étiquettes et sur vos en-têtes. Écrivez-le en attachant toutes les lettres, sans espace, pour votre adresse e-mail et votre lien Internet. Vous voulez attirer des clients avec votre nom et susciter la curiosité ? Votre nom sera votre signature originale et vous démarquera de la concurrence.

STYLES DE NOMS

- Descriptifs : décrivent simplement les produits et leurs créateurs. Par exemple : *Whitney Smith Pottery*, ce sont des poteries réalisées par Whitney Smith.
- Suggestifs : qui contiennent des indices concernant vos créations. *The Vintage Drawer*, la marque de Vicky Trainor, le tiroir vintage, suggère déjà qu'elle utilise des tissus et du matériel anciens.
- Inventifs : des noms qui n'ont pas forcément de sens explicatif, ni ne se trouvent dans les dictionnaires, mais sont des associations ou des anagrammes. Par exemple la marque d'Anne Cresci, *Matilou*, est la contraction des prénoms de ses enfants, Matis et Lou.
- Votre nom : au choix, votre prénom, votre prénom et votre nom ou les deux et votre deuxième prénom. Tabitha Emma Bray, par exemple, a pris pour nom de marque *Tabitha Emma.*

« J'ai décidé d'utiliser mes deux prénoms parce que cela me laissait libre de créer des choses différentes, ma marque étant ma signature, quoi que je décide de fabriquer elle identifie mon travail à tous les coups et me promeut en tant que créatrice. »

Tabitha Emma Bray,
Tabitha Emma

« Tous mes tissus, mon linge de maison et ma mercerie étaient rangés dans une grande commode ancienne. J'avais mis une étiquette sur le tiroir du haut où était écrit : « le tiroir vintage ». Cest logiquement devenu le nom de ma marque. Mon blog et ma boutique en ligne de mercerie s'appellent Linen Garden (le Jardin du linge de maison), J'appelle mon atelier affectueusement comme ça aussi. »

Vicky Trainor,
The Vintage Drawer

« Le mot "bricoler" décrit parfaitement mes créations et ma façon de procéder, puisqu'une grande part de ce que je fais consiste à embellir, plutôt qu'à fabriquer. Et le mot "trésors" s'y est ajouté tout naturellement, puisque je suis une fan des allitérations. »

Elyse Major, Tinkered Treasures

CHOISIR SON AVATAR

« Le branding ne doit pas être une réflexion d'après coup. Faites de votre avatar le symbole de votre marque – vos clients feront la différence ! »
Amanda Wright

Un avatar est une image ou un graphisme, dans un carré, qui va servir à vous représenter sur la Toile.

Sur Facebook, Twitter, Instagram et Etsy, cela s'appelle une photo de profil ; sur Pinterest, une photo et sur Flickr, une émoticône (buddy icon). Quel que soit le nom qu'on lui donne, c'est la même chose : une image virtuelle qui va vous personnifier sur Internet et qui apparaîtra à côté de toutes vos publications en ligne. C'est la première chose que l'on voit de vous, d'où son importance.

Votre avatar doit être si familier à vos suiveurs, vos fans et vos clients qu'ils doivent le reconnaître au premier coup d'œil en parcourant les nombreuses mises à jour, messages et notifications qu'ils reçoivent des réseaux qu'ils suivent. Utilisez le même avatar sur tous les réseaux sociaux pour y augmenter votre présence.

Ne vous amusez pas à modifier sans arrêt votre image de profil. Il faut qu'elle reste gravée dans la mémoire de vos fans. Pouvez-vous seulement imaginer le logo de McDonald' s sans ses arches ou, même, avec de nouvelles couleurs ? Choisissez une photo, une image ou un graphisme que vous aimez et dont vous ne vous lasserez pas.

Il existe un site très pratique qui permet de créer une image qui vous suit automatiquement d'un site à l'autre : www.fr.gravatar.com. Vous devrez d'abord vous inscrire sur wordpress.com, puis télécharger votre image de profil et fournir votre adresse e-mail. Ensuite, quand vous posterez un commentaire sur un blog et en donnant votre adresse de courrier électronique, votre photo de profil Gravatar y sera systématiquement associée. Une autre astuce pour que votre marque soit présente partout !

Alors que choisir comme avatar ? Entre une photo de vous, d'une de vos créations, ou votre logo, les avis diffèrent. Ceux qui sont contre les photos disent qu'elles sont souvent trop petites sur un écran et qu'il est plus facile de reconnaître instantanément un logo mais aussi, qu'un logo se démode moins vite qu'une photo. D'autres vous diront qu'ils sont plus attirés par un visage et qu'un logo ne leur « parle » pas. De toute façon, le plus important est que votre avatar soit bien conçu et bien réalisé pour illustrer parfaitement votre marque, que ce soit à l'aide d'une image et d'un nom, ou d'un logo et d'une typo, ou d'une autre combinaison appropriée.

À vous de choisir !

Quand vous choisissez une photo, elle doit être de très bonne qualité. Je vous conseille de faire appel à un photographe professionnel, surtout pour un portrait de vous. Un photographe expérimenté saura capturer votre personnalité et votre singularité. Si cela ne rentre pas dans votre budget, demandez à quelqu'un dont vous aimez les photos. Veillez à ce que votre photo soit nette et bien exposée, surtout pas trop sombre. Ne soyez pas figée, ni guindée. Souriez et regardez droit dans l'objectif, droit dans les yeux de vos futurs fans.

Si vous photographiez une de vos créations, utilisez un fond neutre pour qu'elle se détache bien.

Si vous utilisez votre logo ou un graphisme, il doit être simple, sobre et net, bien visible et reconnaissable quand sa taille sera réduite.

Que ce soit une photo ou un logo, cette petite image carrée doit représenter votre marque et donc vos couleurs et votre style. Il vous faut une image accrocheuse, qui saute aux yeux, que l'on vous reconnaisse au premier coup d'œil.

CONSEILS

- Les photos de profil sont souvent petites, à côté de vos commentaires, entrées, etc. sur les réseaux, mais sont aussi accessibles en plein format. Utilisez-les dans la meilleure résolution possible pour qu'elles ne se dégradent pas, ne «pixellisent» pas quand elles sont agrandies.
- Le format carré pour les images virtuelles est utilisé partout sur Internet, sur les réseaux sociaux. La taille peut varier selon les plateformes, mais pas le cadrage carré. La plupart des sites vous proposent de télécharger votre image et d'utiliser leur logiciel pour le transformer en image de profil. Mais si vous savez les maîtriser, utilisez de préférence Adobe Photoshop® ou PicMonkey pour recadrer votre image avant de la mettre sur le site.

Ci-dessous : *trois exemples d'avatars accrocheurs : un portrait, un logo et la photo d'un produit.*

SPACES
BEAUTY AND THE BOOK
aimer sa maison
'50
Food Design

CHAPITRE 3

LES BASES DE LA VENTE EN LIGNE

Votre marque créée – et bien sûr vos créations terminées et prêtes à être vendues – il est temps de vous lancer. Vous pouvez les vendre dans un salon de créateurs, en boutique, sur les marchés, mais aussi dans une exposition-vente ou un showroom éphémère. Mais surtout, vous pouvez déjà les vendre sur Internet !

OÙ VENDRE ?

Dans le temps, le fait main était vendu sur les petits marchés d'artisanat local, dans les salons d'art et d'artisanat ou au cours d'expositions ventes. Aujourd'hui, des millions d'articles sont vendus en ligne, faisant d'Internet la source de revenus principale de nombreux créateurs et celle de revenus supplémentaires pour d'autres. Je vais vous présenter trois sites qui ont fait leurs preuves parce que se lancer dans l'e-vente peut s'apparenter à pénétrer sur un terrain miné.

Passer par un site de vente en ligne, réservé au fait main et aux artistes, est le moyen le plus simple et le moins cher pour vendre tout au long de l'année. Concrètement, le vendeur publie une liste des créations qu'il veut vendre et les clients choisissent et achètent celles qui leur plaisent. Le site héberge de nombreux vendeurs et facilite tout le processus en proposant différents outils de paiement.

Lequel choisir ? Certains font le choix d'être sur plusieurs sites pour multiplier leur exposition. Si vous choisissez cette option, faites bien attention à ne pas proposer de pièces uniques sur des sites différents, vous risqueriez de faire deux ventes pour un objet qui n'existe qu'en un exemplaire ! Je vous conseille plutôt de débuter en concentrant vos efforts sur une seule plateforme de vente, afin de vous éviter de multiplier les tâches et de perdre beaucoup de temps et d'argent.

Avec autant de créateurs présents sur ces plateformes, vous allez devoir vous faire remarquer et vous démarquer de tous ceux qui proposent des créations ressemblant aux vôtres. Créez des catégories de produits, qui vous seront utiles dans la phase marketing, ou si vous désirez monter plus tard votre propre e-boutique.

Plus vous aurez d'articles à proposer en ligne, mieux ce sera. Les clients passent plus de temps en ligne si l'offre est importante. Monter son propre e-commerce est chronophage et coûte cher, c'est donc plutôt conseillé aux gros vendeurs.

Il y a plusieurs questions à vous poser avant de décider quelle plateforme va vendre vos créations (voir encadré). La plupart, si ce n'est toutes, peuvent y être répondues par une recherche en ligne, n'hésitez pas à vous renseigner auprès d'autres créateurs et artistes, consultez les forums, lisez les blogs, etc.

À CONSIDÉRER

- Étudiez les frais. Faut-il régler un seul droit d'entrée ou une cotisation annuelle en plus ? Y a-t-il des droits d'introduction des produits (listing fee) à régler ? Quelle commission le site prélève-t-il sur les ventes ?
- Quels sont les modes de paiement acceptés ?
- La notoriété du site auprès de votre clientèle cible.
- Quels sont les outils de marketing offerts ?
- Quels sont les prix pratiqués pour les produits de votre catégorie ?
- Combien de transactions internationales passent par le site, quelles sont les méthodes d'acheminement des commandes ?
- Par qui ce site est-il recommandé ?
- Pourrez-vous y bénéficier d'une communauté active et l'intégrer facilement ?
- Est-il facile de se retirer du site ?

Voici, pour vous faire une idée, trois sites :

- **Etsy** C'est la plateforme de vente la plus importante et la plus connue pour la vente de créations faites main. Née en 2005, aux États-Unis, c'est devenu un marché de vente mondial. La seule difficulté pour ceux qui y débutent, c'est de réussir à émerger. Pour se faire connaître, il faut donc mettre ses produits en ligne efficacement, faire des mises à jour régulières, optimiser ses produits et rester très actif ; mais son atout majeur, c'est la quantité de gens qui visitent le site quotidiennement et donc les milliers de clients potentiels. Y débuter est facile. Etsy propose des aides en ligne et un manuel du vendeur en français, il vous suffira de personnaliser votre « boutique », le site utilisant des moteurs de recherche pour le marketing et le référencement.

« À mes yeux, Etsy est la meilleure plateforme de vente du fait main au monde, sans équivalent dans sa capacité à attirer des acheteurs et des vendeurs enthousiastes ; en favorisant un aspect relationnel fort, elle a créé une communauté stimulante et encourageante. »
Emma Lamb

Vous devrez tout de même vous faire connaître et assurer une communication dynamique. Vous trouverez sur Etsy une mine d'informations, de forums et de conseils ainsi que des « success stories ». Facebook propose une application qui permet d'afficher votre vitrine Etsy dans votre profil et sur votre page.

- **DaWanda** Une autre plateforme de créations originales et de cadeaux, originaire d'Allemagne. Elle a démarré en 2006 avec un axe résolument européen, accessible dans le monde entier cependant.
- **Hellocoton** a été créé par Hubert Michaux et Victor Cerruti dans le but de connecter et de faire découvrir les talents du Web. Lancé en 2008, ce portail sélectionne chaque jour les meilleurs articles parus sur des blogs féminins. Aujourd'hui, plus de trois millions de visiteurs passent chaque mois sur Hellocoton, ce qui fait de lui un réseau incontournable d'inspirations et de tendances.

CRÉER SA BANNIÈRE DE BOUTIQUE VIRTUELLE

La bannière virtuelle de votre e-boutique, c'est comme l'enseigne d'une boutique physique ou le bandeau d'un livre, votre nom doit s'y afficher clairement et vos produits phares s'y trouver. Prévoyez un slogan ou quelques mots pour les décrire.

Utilisez un visuel qui illustre parfaitement votre style et vos créations. Il va s'étaler sur plusieurs colonnes : respectez les dimensions requises, exprimées habituellement en pixel. Utilisez les couleurs de votre gamme, bien saturées de préférence pour qu'elles éclatent sur la page (p. 54).

C'est toujours une bonne idée de mettre votre logo au centre du bandeau pour que vos clients reconnaissent immédiatement votre marque. Dans le monde hyper compétitif de l'e-commerce, il faut attirer l'œil en moins d'une seconde.

Pour illustrer mes conseils, j'ai réalisé la bannière d'une créatrice de bijouterie fantaisie fictive, *Maria Makes*.

« Soyez fidèle à vos valeurs et à vos qualités et ne vous laissez pas influencer par la concurrence. Vous n'en serez que plus unique et remarquable. Avoir un esprit créatif veut aussi dire que vous nagez constamment dans un torrent d'idées. »

Vicky Trainor,
The Vintage Drawer

CONSEILS

- N'encombrez pas votre bannière. Choisissez les symboles forts de votre marque et de votre style. Privilégiez la qualité à la quantité.
- Il y a plein de sites en ligne pour vous expliquer comment faire. Mais Adobe Photoshop® est un bon outil dans lequel investir.
- Sinon, faites appel à un infographiste.
- Imprimez en grand format votre bannière pour votre stand dans un salon d'art et d'artisanat (p. 92) ou votre magasin (p. 106).

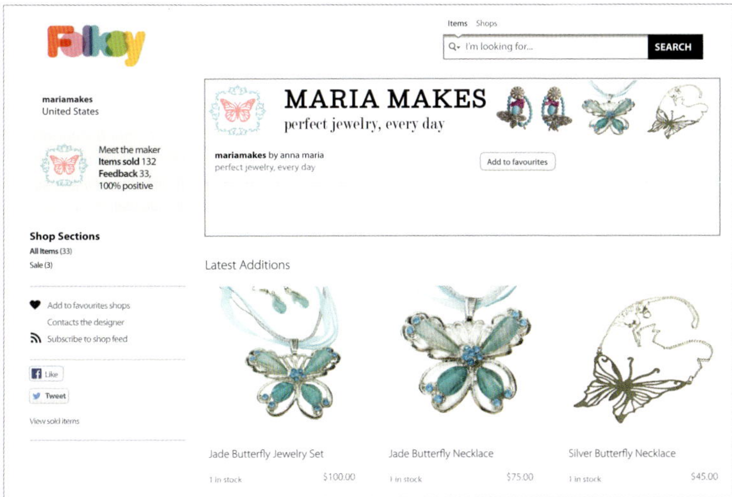

À gauche et ci-dessous: vous pouvez faire appel à un site spécialisé, mais ils sont souvent chers et difficiles à utiliser. Surtout que beaucoup de plateformes de vente en ligne vous proposent des modèles prêts à utiliser.

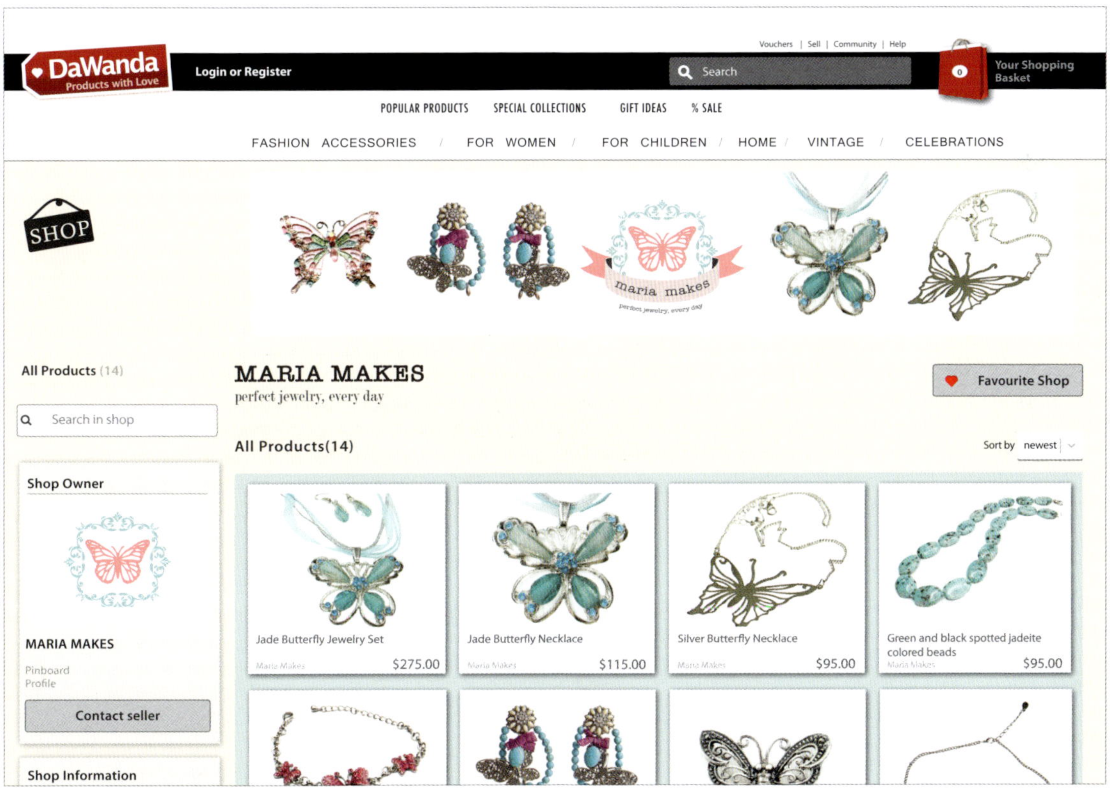

À LA RENCONTRE DES CRÉATEURS

TAMAR SCHECHNER

Tamar Schechner est à la tête de sa propre entreprise de bijoux fantaisie, *Nest Pretty Things*. Fille et petite-fille d'artistes, elle a fait ses études supérieures à la Parson's School of Design de New York. Il y a une dizaine d'années, elle a quitté Tel Aviv, où elle travailla plus de 18 ans comme directrice artistique et styliste de mode, pour s'installer dans le Vermont.

« Pouvoir vendre mes articles en ligne me convient parfaitement. Et, il est important d'être présent sur les médias sociaux. »

Dans un premier temps, son intention était de se consacrer à la décoration intérieure, ce qu'elle avait commencé à faire en Israël. C'est en cherchant de nouveaux clients, qu'elle a commencé à créer ses propres réalisations et ouvert sa première e-boutique sur Etsy, en 2006. Le style de Tamar est celui d'une femme moderne, romantique et bohémienne. Les photos de ses bijoux ont été publiées dans de nombreux livres et magazines.

FAIRE D'EXCELLENTES PHOTOS

Votre plateforme de vente choisie, photographiez vos créations avec soin. Les photos sont essentielles pour mettre en valeur votre e-vitrine et passer le filtre des catégories dans votre boutique virtuelle avec succès. Votre objectif est d'obtenir une collection de photos qui reflète parfaitement l'univers et le style de votre ligne ; des photos de qualité et aux cadrages variés : des vues classiques du produit « brut », des détails, mais aussi des photos plus conceptuelles. Souvenez-vous que ceux qui parcourent les sites de vente ne peuvent toucher, ni essayer vos articles et vous devez donc les attirer grâce à des visuels qui vont en plus leur procurer le plus d'informations possible.

Choisissez une gamme d'accessoires, de couleurs et de fonds cohérents pour vos prises de vue : vous n'avez pas besoin d'utiliser les mêmes pour chaque photo, mais en restant fidèle à votre palette, vous aurez un album-photo en harmonie avec votre marque et vos produits.

Si certaines de vos créations sont de même taille ou de même genre, mettez-le en valeur. Prenez des photos qui montrent toutes les couleurs disponibles ou les différentes utilisations possibles. Variez vos angles de prise de vue. Aidez vos clients à imaginer vos créations chez eux, que ce soit par une grande série de photos d'un seul produit – mais disponible dans différentes couleurs – ou au contraire, par une seule photo qui en regroupe plusieurs. Vos photos sont autant d'indices visuels que de possibilités d'utilisation.

Faites attention à l'ordre dans lequel vous allez télécharger vos images sur le site. Considérez celles que vous préférez et celles qui complètent votre collection. Votre photo préférée, la plus forte et la plus fidèle à votre style, doit s'afficher en premier.

À droite : *bijoux de Nest Pretty Things (p. 68). Les créations de Tamar se prêtent parfaitement à faire de belles photos et du coup à des « listings » qui marchent à tous les coups. (p. 74).*

PHOTO : QUELQUES CONNAISSANCES ESSENTIELLES

Voici les conseils de Sussie Bell (www.sussiebell.com), une photographe professionnelle indépendante anglaise, spécialisée dans la décoration, l'artisanat et les jardins.

L'OUVERTURE

- Cette photo a été faite à petite ouverture pour obtenir une grande profondeur de champ, la zone de netteté couvre toute l'image.

- Si vous préférez une image plus douce et ne mettre en valeur qu'une partie de l'image, prenez une photo à grande ouverture.

Les ouvertures standard des optiques sont indiquées ci-dessous. Plus le chiffre d'ouverture du diaphragme est petit, plus elle est grande – et vice versa.

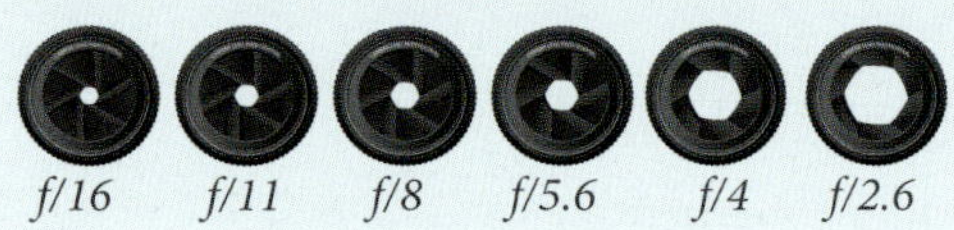

LA VITESSE D'OBTURATION

- Cette photo est surexposée à cause d'une vitesse d'obturation trop élevée. Avec un trépied, vous pourrez faire des photos à des vitesses plus basses (et sans flou-bougé).

- Cette photo est surexposée à cause d'une vitesse trop basse. Veillez à bien mesurer la lumière et à ajuster vos réglages en conséquence.

COMPRENDRE L'ÉCLAIRAGE

- Choisissez votre source de lumière et son orientation.
- Utilisez un réflecteur (un carton blanc, par exemple) pour réfléchir la lumière et gommer les ombres.
- L'image du dessus a été prise à la lumière naturelle et sans réflecteur.
- L'image du dessous est meilleure : tout en ayant aussi été prise en lumière naturelle, un réflecteur débouche les ombres en renvoyant plus de lumière.

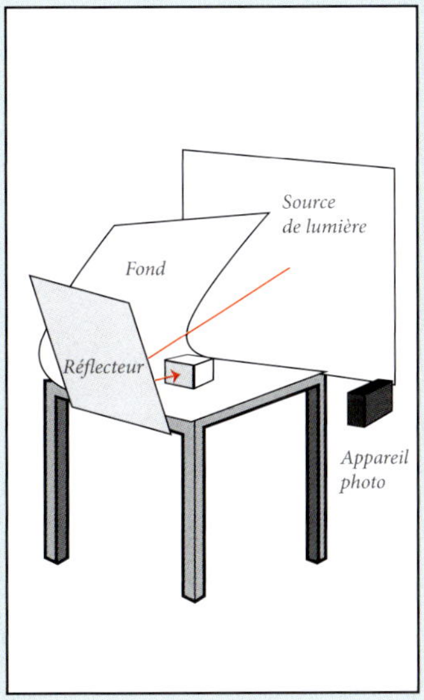

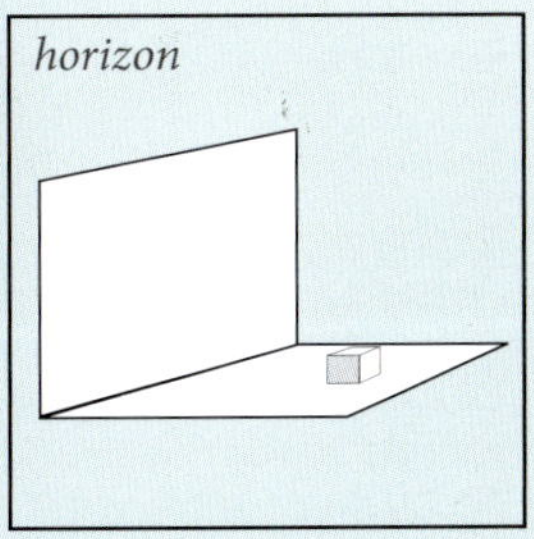

LES FONDS

- L'image du haut a été prise sur un fond qui, parce qu'il est plié avec une arête vive, provoque une ombre ressemblant à une ligne d'horizon.
- L'image du bas, prise sur un fond de forme semi-circulaire, est plus harmonieuse, sans ombre en arrière-plan.

L'ANGLE DE PRISE DE VUE

- L'image de gauche a été prise d'un mauvais angle et ne met pas le produit en valeur.
- L'image de droite, prise du bon angle, met le produit en valeur et tire profit de l'éclairage existant.

COMMENT…

PRENDRE DE SPLENDIDES PHOTOS

- Apprivoisez votre appareil photo. La plupart des appareils existants font de très bonnes photos, mais il faut en maîtriser toutes les fonctions. Un appareil débrayable, c'est-à-dire dont vous pourrez régler l'ouverture et la vitesse manuellement, et muni d'un flash, est préférable mais pas indispensable. Lisez son manuel d'utilisation, même si c'est fastidieux !

- Si vous avez les moyens d'acheter un trépied, c'est un investissement que vous ne regretterez pas, vous pourrez photographier en lumière naturelle au lieu d'utiliser un flash. Quoique parfois, une combinaison des deux, lumière naturelle et flash, soit très utile. C'est difficile, en intérieur et quand le ciel est gris, de faire des photos nettes. Avec un trépied, vous pourrez utiliser des vitesses basses.

- Prenez vos photos dans une pièce déjà bien lumineuse. Installez votre fond ou votre support près d'une fenêtre, mais évitez les rayons de soleil directs. Placez une feuille de cartoline blanche comme réflecteur, du côté ombré de l'objet à photographier.

- Assurez-vous que votre fond est bien clair et propre, qu'il soit blanc ou neutre. Contrairement à ce que l'on pourrait penser, et surtout si vous le prenez de face, il faut prendre un fond beaucoup plus grand que l'objet à photographier. L'idéal, pour éviter toute ombre disgracieuse, c'est d'avoir un mur contre lequel vous pourrez appuyer et courber votre fond. Pour quelque chose de plat ou de petit, posez-le et photographiez-le de dessus.

- Si vous utilisez un posemètre, tenez-le bien près de l'objet pour que la mesure soit précise et non faussée par le fond blanc ; vous obtiendriez sinon une image sur-exposée de un ou deux diaphragmes (ou stops).

***Ci-dessus** : pour un résultat parfait, utilisez un trépied et un fond blanc.*
***Ci-dessous** : utilisez un réflecteur pour renvoyer la lumière naturelle sur le côté de votre produit.*

LE RÉFÉRENCEMENT

La deuxième étape essentielle est de parvenir à décrire et référencer vos articles de manière efficace. Vous allez rentrer sous vos photos des mots – les tags et les marqueurs – qui sont les mots-clés que tout le monde utilise en faisant son shopping sur Internet. En peaufinant le choix de ces mots, vous serez visible sur toute la Toile.

Faites une liste des caractéristiques de votre article : taille, couleur(s), catégorie(s), etc. Demandez à un ami de vous relire, pour vérifier que vous n'avez rien oublié.

Utilisez aussi des mots définissant les divers usages possibles de votre produit et qualifiez les styles qui lui correspondent. Vous allez vous retrouver avec une longue liste de mots-clés qui vont augmenter vos chances d'être trouvé dans les moteurs de recherche, et optimiser votre référencement (le SEO – Search Engine Optimization).

Ajoutez les déclinaisons de couleurs ou de formes de vos articles, précisez bien les différentes offres disponibles.

« Soyez clair et précis dans vos descriptions et mettez-vous à la place d'un acheteur. Qu'aimeriez-vous savoir avant d'acheter un produit ? »
Tamar Schechner, Nest Pretty Things

Insérez éventuellement un lien qui regroupera des produits différents mais ayant des points communs (motifs, couleurs, utilisation, catégorie…).

Rendez vos produits vivants en ajoutant des commentaires sur comment et pourquoi vous avez eu l'idée et l'envie de les créer. Cela les rendra encore plus uniques.

L'idéal, pour renforcer votre visibilité et affirmer votre professionnalisme, est d'établir des listes selon les catégories, de styles et des thèmes, et les types de produits. Ainsi, vos créations seront présentées par collections, leur donnant un aspect beaucoup plus professionnel que ne le ferait une accumulation d'objets sans lien apparent.

À droite, un référencement parfait de créations, sur la page de Tamar dans Etsy – claire, détaillée et instructive.

COLLIER FANTAISIE

28 $ US

Pièce unique – 1 seul disponible

Description

- Fait main
- Matières : verre, laiton
- Remontées d'informations (Feedback) : 5 108 visiteurs
- Envois internationaux depuis les États-Unis

Choisissez UN SEUL long collier (les boules en or mat sont maintenant disponibles, en option, en argent mat !).

1. Perles de verre tchèque, 8 mm, or, orange et turquoise.

2. Perles mauve fumé et au centre noir profond, 10 mm, et perles de verre Swarovski®, 8 mm, couleur crème.

3. Perles de verre tchèque, 8 mm, turquoise, or et rouges.

4. Perles de verre tchèque, 8 mm, or et turquoise, 2 perles roses, perle beige, 10 mm, au centre.

5. 1 perle centrale, 10 mm, noir profond et des perles, 8 mm, en or et en verre de Swarovski® couleur crème.

6. Perles de verre tchèque, 8 mm, or, vert chartreuse et turquoise pâle.

Les couleurs conviennent pour toutes les saisons ; à porter sur votre pull-over préféré ou avec une tenue d'été légère.

La chaîne ancienne, fabriquée aux USA, est de qualité supérieure et sans nickel. Elle met en valeur parfaitement les perles et s'ajustera élégamment autour de votre cou.

Pour la taille 71, 1 cm - 86,4 cm , ce sera une chaîne, ancienne aussi, plus fine et plus adaptée aux plus grandes longueurs. Vous pouvez le vérifier ici : https://www.etsy.com/listing/82672819

Emballages écologiques et paquet cadeau

À LA RENCONTRE DES CRÉATEURS

MEL STRINGER

Originaire de Brisbane, en Australie, Mel a fondé une marque de papiers de créations, *Girlie Pains*. Elle vend des papiers imprimés, sous forme de PDFs téléchargeables, ainsi que tout un catalogue de créations en papier, sur sa page Etsy. Elle tient aussi un blog, fait des illustrations pour le magazine *Frankie*, et travaille comme artiste free-lance pour des clients internationaux.

« Soyez créatifs, informatifs et précis pour détailler vos compétences. Tenez parole et soyez à la hauteur ! »

LE SERVICE CLIENT

La base d'un bon service client, c'est une communication irréprochable qui vous permette d'avoir un bon contact avec les clients avant même qu'ils ne soient devenus vos clients. Être sur une plateforme de vente reconnue va déjà vous garantir une certaine confiance, mais si en plus votre vitrine y est agréable et votre mise en page soignée, vous aurez des atouts essentiels. De belles photos, des descriptions précises, un référencement impeccable, une page consacrée à votre profil et une autre consacrée aux réactions (le « feedback ») vont contribuer à vous assurer une image professionnelle et rassurante.

Donnez des informations claires et précises sur les méthodes, les délais et les coûts d'envoi de vos produits, tenez vos clients informés tout au long de la transaction, jusqu'à ce que le colis soit arrivé. Vous éviterez tout malentendu et entretiendrez une relation satisfaisante avec eux. Lorsque vous recevez la commande d'un client, répondez-lui rapidement pour le remercier et la lui confirmer.

Soyez très sérieux en ce qui concerne votre politique de retour (si vous n'en avez pas encore une, mettez-la rapidement au point en définissant ses modalités).

« J'aime que mes créations arrivent chez mes clients emballées comme des cadeaux. »
Vicky Trainor

L'honnêteté est la meilleure politique à adopter. Soyez toujours courtois et honnête avec vos clients ; si vous n'assurez les envois que le week-end ou si vous êtes parti en vacances pour la semaine, faites-le savoir, tout le monde appréciera !

Un incident de parcours peut toujours arriver. Pensez-y à l'avance et prévoyez comment vous régleriez d'éventuels litiges. Restez professionnel et aimable quel que soit le problème. Mais avant tout, restez calme et serein, relativisez, il y aura toujours une solution.

Au lieu d'essayer de rejeter la faute sur quelqu'un d'autre, cherchez comment y remédier et comment éviter qu'elle ne se reproduise. Commencez par reconnaître le problème et soyez pragmatique. Adoptez le point de vue du client et faites en sorte qu'il se sente compris. Le plus souvent, si vous agissez ainsi, vous trouverez le moyen de résoudre le litige et d'éviter que d'autres se produisent.

Souvenez-vous qu'en tant que « petite entreprise » vous dépendez d'un bouche-à-oreille positif. Cela ne vaut vraiment pas la peine de se battre avec un client pour une question d'argent. Il vaut mieux perdre un petit peu une fois, que beaucoup à long terme.

Tenez compte d'éventuels ratés en perfectionnant votre processus de fabrication et en utilisant des emballages plus solides et protecteurs. Soyez philosophe et tirez la leçon de vos erreurs. Un des grands avantages de la vente en ligne, c'est qu'au moment où vous avez l'impression que tout va mal et que vous allez vous noyer, vous pouvez vous lever, sortir, reprendre votre souffle, respirer, puis revenir prendre à bras le corps le problème, et le résoudre.

ASTUCES

- Offrez un service client impeccable tout au long de la transaction. Des petites attentions personnalisées, comme un cadeau, un bon de réduction ou un mot manuscrit, vont fidéliser vos clients et vous permettre d'établir une relation particulière avec eux, en vous différenciant des méthodes et de l'anonymat d'une grande entreprise.
- Établissez une communication à l'image de votre marque et de vos valeurs. Si votre boutique avait le don de la parole, que dirait-elle, comment parlerait-elle ? Quel serait son ton ? Joyeux, charmant ou précieux ?
- Vous devez arriver à faire en sorte que vos clients quittent votre « boutique » heureux à chaque fois. À chaque transaction, débrouillez-vous pour que votre accueil soit à la hauteur de votre marque et donc le meilleur.

Ci-dessous, à gauche, à droite : *un service client impeccable s'obtient aussi grâce à quelques détails, comme des emballages raffinés.*

FIXER SES PRIX

Une entreprise de créations faites main qui réussit, c'est une entreprise qui fait des bénéfices ; et pour gagner de l'argent, il faut d'abord parvenir à fixer le juste prix de ses produits.

Pour survivre et prospérer comme entrepreneur, vous devez déterminer vos prix en adoptant une approche professionnelle, même s'il semble difficile et très subjectif de donner le coût d'un style, d'une expérience et d'une pratique.

La règle générale consiste à attribuer au produit un prix qui vous permette de couvrir vos dépenses et de dégager des bénéfices, tout en veillant à ne pas dépasser le montant que les clients sont prêts à dépenser (le seuil psychologique). Établir ses prix dépend de vos objectifs de rentabilité. Si votre but n'est pas de dégager de gros bénéfices, vous pouvez être plus souple dans votre estimation.

Commencez par estimer un prix théorique, le prix cible, en vous appuyant sur les éléments indiqués plus loin et en étudiant le marché des créations faites main de votre catégorie, dans les salons, les boutiques et sur Internet.

Pour déterminer un prix, on peut utiliser différentes méthodes, mais toutes appliquent les mêmes principes généraux : utiliser une formule de calcul, puis ajuster finement le résultat à l'aide de données théoriques corrigées par celles acquises par l'expérience. Au fil du temps, vous pourrez vous aider de vos livres de compte et adapter vos prix en conséquence de vos résultats. Vous pouvez aussi optimiser vos marges en rationalisant vos dépenses,

CONSEILS

- Notez toutes les dépenses encourues pour ajuster vos prix en conséquence.
- Ne cassez pas vos prix en espérant vendre plus. Des créations uniques et faites main méritent un prix à la hauteur de votre travail ; vous risqueriez de donner l'impression de fabriquer des articles de mauvaise qualité.
- Imprégnez-vous des méthodes de la concurrence, observez ce qui marche. Que vous vendiez vos créations à des salons d'art et d'artisanat ou dans une boutique branchée, notez tout et faites du « lèche-vitrine » pour vous rendre compte des prix pratiqués.
- Éduquez vos clients. Très souvent, ils n'imaginent pas une seconde le temps et la dextérité nécessaires à réaliser des créations artisanales. Le comprenant, ils seront plus enclins à apprécier la justesse de vos prix.
- Communiquez avec vos clients, c'est très instructif. Ils n'ont souvent pas la moindre idée de la façon dont vous travaillez et de qui vous êtes. Leurs réactions ou leurs questions seront donc souvent différentes de celles de votre entourage : il y a une mine de leçons à en tirer.
- Pouvez-vous réduire vos dépenses ? Soyez imaginatifs, modifiez votre méthode de travail, et essayez de trouver le moyen de produire de plus grandes quantités tout en réduisant votre temps de travail. Trouvez des fournisseurs de gros pour réduire le coût de vos matières premières.
- Augmentez la valeur relative de vos articles et renforcez votre visibilité en soignant votre packaging et la qualité de vos emballages.
- Les prix ne sont pas figés à tout jamais. Si vous estimez que vos articles ne sont pas vendus à leur juste valeur ou si vous n'en vendez pas suffisamment, ajustez-les.

en achetant vos matières premières en grandes quantités et en optimisant vos méthodes de travail.

Vous allez commencer par utiliser une formule de calcul pour déterminer un prix de gros, celui-ci vous permettra de fixer le prix de détail.

Deux types de dépenses influent sur la fixation des prix: les coûts directs et les coûts indirects. Les coûts directs sont les dépenses inévitables, les matières premières et votre temps de travail. Les coûts indirects concernent les dépenses liées à vos charges de fonctionnement (loyer, électricité…) que vous avez à supporter quel que soit le produit que vous fabriquiez. Une fois que vous aurez défini ces coûts, vous pourrez les utiliser dans votre formule de calcul.

FORMULE DE CALCUL

Matières premières + Travail + Dépenses + Bénéfices = Prix de gros

Prix de gros x 2 = Prix au détail

EXEMPLE

Matières premières (1 €) + Travail (2 €)
= 3 € (coût de revient)
+ Charges (1 €) (coûts indirects)
+ Bénéfice (2 €) = Prix de gros (6 €)
Prix de gros x 2 = 12 € (Prix au détail)
Bénéfice brut = 6 €

TENIR COMPTE DE

1 MATIÈRES PREMIÈRES

- Déterminez le coût total de vos matières premières en faisant la liste de tout ce qui vous est nécessaire pour fabriquer un produit (donc, de le déterminer à l'unité). N'oubliez rien : fils, colle, peinture, paillettes et tout ce qui rentre dans la fabrication, quelle qu'en soit la taille. Ajoutez aussi les coûts d'envoi, si vous vous êtes fait livrer vos fournitures.

2 TRAVAIL

- Calculez le temps nécessaire à la fabrication d'un article (toujours à l'unité). Calculez le nombre de pièces que vous fabriquez en une heure. Calculez votre salaire horaire en déterminant votre «valeur salariale» horaire. Multipliez votre salaire horaire par le temps qu'il vous faut pour faire un article.

3 DÉPENSES

- Pour connaître vos frais généraux, vous devez additionner vos charges à vos frais de fonctionnement.
- Vos frais de fonctionnement comprennent toutes les dépenses engagées pour vos emballages, articles de papeterie, matériel publicitaire, et les envois. N'oubliez pas d'y inclure vos frais de vente, abonnement, etc. qui vous sont imputables sur les plateformes de vente en ligne et les frais engagés pour votre stand dans un salon ou sur un marché. Divisez vos frais généraux par le nombre d'articles vendus.
- Vos charges comprennent le loyer, l'électricité, le téléphone, l'eau, etc. – des dépenses mensuelles. Calculez vos charges en les divisant par le nombre d'heures d'un mois donné, pour obtenir un coût horaire. Multipliez ensuite ce coût horaire par le nombre d'heures que vous passez à produire un article.

4 BÉNÉFICES

- Déterminez ce que vous voulez gagner grâce à votre entreprise. Considérez le temps et les compétences mis en œuvre. Mais, soyez généreux avec vous-même et avec votre travail.

5 PRIX DE GROS ET DE DÉTAIL

- Additionnez tous vos coûts : matières premières, travail, frais et bénéfices attendus, pour obtenir votre prix de gros.
- Multipliez votre prix de gros par deux pour obtenir votre prix de détail (Prix de gros x 2 = Prix au détail).

À LA RENCONTRE DES CRÉATEURS

WHITNEY SMITH

Whitney Smith, fondatrice de *Whitney Smith Pottery*, s'est prise de passion en 1994 pour le travail de l'argile sur le tour de potier, grâce à un cours qu'elle suivit à l'université de Cabrillo, Californie. Elle poursuivit ensuite des études d'anthropologie à l'université de Californie (UCSC) tout en continuant à travailler l'argile et en assistant une céramiste de Santa Cruz, Sandi Dihl (1953-2000).

« Si vous êtes vraiment très bon dans ce que vous faites, vous aurez des périodes de productivité idéale de 36 heures au plus. Et si vous êtes gâté, vous ne vous torturerez pas inutilement le reste du temps. »

Elle s'installe ensuite dans la baie de San Francisco où elle travaille comme dessinatrice florale et assiste un autre céramiste, Bob Pool, poursuivant en parallèle ses propres créations. Grâce à l'aide et aux encouragements de sa famille, de ses amis et de ses premiers clients, elle se lance enfin et devient artiste-céramiste à plein temps, début 2000.

LES MOYENS DE PAIEMENT

En vous lançant dans le commerce, vous n'allez pas échapper à la question du paiement. Donc, à quels moyens pouvez-vous recourir ?

Si vous optez pour la vente en ligne, je vous conseille de vous créer un compte PayPal pour pouvoir être payé par carte bancaire facilement. C'est très simple à mettre en place : prenez seulement le temps de bien lire les conditions et les méthodes d'utilisation, ainsi que les conseils.

Si vous vendez vos créations en personne, dans une exposition-vente par exemple, assurez-vous d'avoir assez de billets et de pièces pour pouvoir rendre la monnaie.

De nouvelles méthodes se mettent en place grâce aux téléphones mobiles et aux applications, transformant votre portable en terminal de carte bancaire. Déjà, c'est extraordinaire de pouvoir vendre à tout moment et où que vous soyez grâce à votre smartphone, mais aussi les clients sont plus enclins à dépenser s'ils peuvent utiliser leur carte de crédit. Ça vaut vraiment le coup de se renseigner.

LES ENVOIS

Impossible de vendre en ligne sans maîtriser l'expédition des commandes, puisque c'est le seul moyen pour vos clients d'obtenir vos produits. Vous devez utiliser un service efficace et sûr pour éviter tout accroc, mais aussi connaître les différents conditionnements.

CONSEILS

- Achetez une balance au gramme près et pesez vos articles avec leur emballage avant de les référencer sur Internet. Évidemment, si vous avez plusieurs articles de même taille et de même sorte, vous n'avez pas besoin de le refaire pour chacun.
- Procurez-vous une balance électronique postale, valable pour les envois nationaux et internationaux, pour gagner du temps et connaître tous les tarifs.
- Collez sur le colis, pour tous les envois internationaux, le formulaire des douanes approprié et mettez dans le paquet une facture détaillée portant aussi l'adresse de votre client.
- Si vous le pouvez, proposez des montants forfaitaires. C'est plus simple et en plus, si vous vendez beaucoup de tout petits objets, vos clients pourront en acheter plusieurs en sachant que la quantité, selon des limites prédéfinies, n'augmentera pas les coûts d'expédition.
- Envisagez d'appliquer des frais de manutention, si vous vendez des objets de grande valeur ; emballez-les comme des produits d'exception, destinés à des clients exclusifs. Vous voulez qu'ils se sentent uniques en recevant votre colis.
- Si vous avez mal calculé des frais d'expédition et surfacturé, remboursez au client ce qui lui est dû. Aucun client ne refuse un remboursement. Au contraire, il appréciera.
- Conservez votre récépissé d'expédition jusqu'à ce que vous ayez la confirmation que votre colis est bien arrivé. Faites parvenir au client un numéro de suivi (tracking number) par e-mail, afin qu'il puisse suivre en ligne la progression de l'envoi.

LE PACKAGING

En vendant en ligne, vous devez soigner particulièrement le conditionnement de vos colis. La qualité de vos emballages doit être professionnelle et vos produits doivent arriver intacts. Le soin que vous allez y porter sera une indication supplémentaire de la qualité de votre marque ; alors profitez-en pour utiliser votre charte graphique : vos couleurs, vos motifs et votre graphisme.

Je n'ai pas besoin de vous rappeler que vos clients doivent impérativement recevoir vos produits en un seul et même morceau. Après un peu de recherche, vous trouverez les emballages de protection appropriés et ce qu'il vous faut pour envoyer à peu près tout, dans le monde entier et en bon état. Utilisez du papier bulles ou des feuilles de journaux ou de papier Kraft froissées pour protéger et remplir vos colis, sans oublier un ruban adhésif très résistant pour maintenir le tout. Pour protéger ce qui est souple, dessins ou affiches, utilisez du carton rigide. Ne soyez quand même pas excessif, ne gaspillez pas et utilisez des matières recyclables. Mais ayez toujours en tête que la première fois que votre client va recevoir quelque chose de vous doit le marquer durablement. Alors surprenez-le et faites-en sorte que votre emballage lui fasse une superbe première impression. Et il aura sans doute envie de vous passer de nouvelles commandes.

Votre packaging doit être irréprochable. Sans toutefois en faire trop, vos clients doivent recevoir un colis paraissant avoir été dessiné à leur seule intention. Si votre emballage standard est le paquet-cadeau, n'oubliez pas d'en tenir compte en fixant vos prix ; sinon, proposez-le en option.

Emballez votre colis comme celui que vous vous attendririez à recevoir. C'est la première impression que votre client va avoir de votre travail, de votre marque. Ce n'est pas négligeable et il est indispensable que les colis suivants restent à la hauteur.

UN TAMPON ENCREUR EN LINOLÉUM

Timbrer et imprimer une empreinte est facile, mais c'est encore plus facile de créer un tampon unique et à son image que l'on peut utiliser sur tous les envois et emballages.

FOURNITURES

- Un bloc de linoléum ou de gomme (Maped® par exemple)
- Une imprimante à jet d'encre, des feuilles de papier et du vinaigre OU du papier calque, un crayon à papier et une pièce de monnaie
- Une gouge pour linoléum
- Encre pour tampons

1. Faites votre dessin. Une fois réalisé et choisi, transférez-le sur le bloc de linoléum. Il existe plusieurs façons de procéder :

- Si votre dessin a été fait sur ordinateur, imprimez-le en noir et blanc avec une imprimante à jet d'encre. Découpez-le à la taille de votre bloc et apposez-le, côté imprimé, sur celui-ci. Frottez avec une pièce de monnaie puis, doucement et sans bouger le papier, appliquez en frottant délicatement un peu de vinaigre. OU
- Dessinez votre motif au crayon à papier sur le calque et posez votre dessin, côté dessiné, sur le bloc. Frottez avec une pièce de monnaie.

2. Repassez au crayon à papier sur les lignes du dessin puis, avec la gouge, creusez toutes les zones sombres (celles que vous voulez remplir d'encre). Commencez par évider les contours, c'est plus facile.

3. Utilisez l'encre pour tamponner.

4. Testez votre tampon sur du papier et ajustez le « creusé » en fonction de l'effet obtenu ou recherché.

1

2

CONSEIL

- Utilisez un dessin à l'image de votre marque et présent dans votre atelier et vos créations.

DES NŒUDS DÉCORATIFS

Un nœud décoratif ajoute une touche personnelle et jolie à tout emballage. Vous pouvez utiliser le papier de votre choix et ajouter, en touche finale, un petit bouton ou un cabochon.

1. Photocopiez le modèle de cette page, servez-vous de la fonction « agrandir » de la photocopieuse pour ajuster la taille du nœud, puis découpez les deux éléments.

2. Utilisez les gabarits pour découper le papier décoratif.

3. Collez du double-face au centre des éléments et recourbez les extrémités, collez-les et formez les boucles. Pressez bien fort.

4. Remettez du double-face pour faire adhérer les boucles au centre des pointes du ruban.

5. Décorez, si vous le désirez, le centre de votre nœud avec un bouton ou un cabochon.

CONSEIL

- Pourquoi ne pas imprimer votre propre papier à l'aide de votre tampon encreur (p. 87) ?

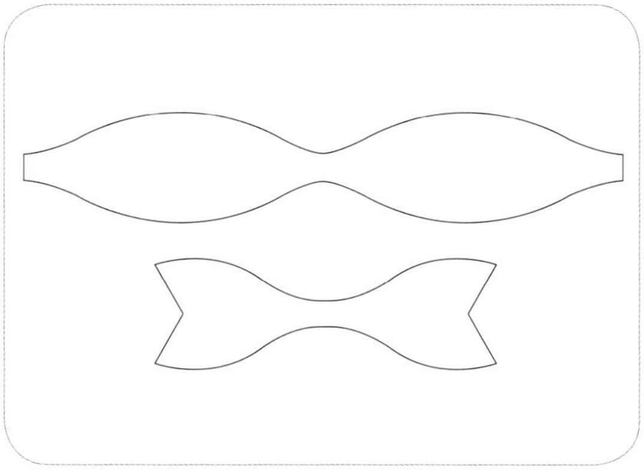

FOURNITURES

- Photocopie du modèle ci-dessous
- Crayon à papier
- Ciseaux
- Papier cadeau ou autre
- Ruban adhésif double-face
- Petit bouton ou cabochon

2

3

the vintage drawer
the linen garden
the linen garden
the linen garden

CHAPITRE 4

VENDRE SOI-MÊME

Quel que soit votre succès sur Internet, vendre soi-même ses créations permet d'avoir de nouveaux clients. Vous pouvez commencer facilement en participant à un marché local jusqu'à réussir à vendre vos produits en boutique.

VENDRE SES CRÉATIONS SOI-MÊME

Ne vous limitez pas à la vente en ligne. Commencez par le plus facile, une exposition-vente informelle et décontractée. Invitez chez vous des amis et des membres de votre famille en demandant à chacun de venir avec quelqu'un qui serait intéressé par vos créations. Vous pouvez choisir un thème ou profiter des fêtes : beaucoup de gens cherchent de beaux objets et des pièces artisanales, quelques semaines avant Noël. Ou bien profitez des marchés saisonniers et locaux qui sont aussi des lieux en or pour débuter. Demandez autour de vous s'il y en a de prévus.

Les salons d'art et d'artisanat sont de parfaites occasions pour vendre. Visitez-en plusieurs pour évaluer la qualité et l'offre de vos confrères. Parlez aux organisateurs afin de choisir le type de salon qui vous correspond le mieux ; renseignez-vous sur le nombre de visiteurs, le montant des frais d'inscription et ceux d'un stand, calculez combien de produits il vous faudrait vendre pour dégager des bénéfices.

Ou alors, commencez par un petit marché, où l'emplacement ne sera pas cher. Ce sera l'occasion de faire vos premiers pas en obtenant des réactions qui vous seront utiles pour les prochaines fois. À une manifestation locale, vous n'aurez quasiment aucun frais de transport et votre entourage pourrait vous aider. Si, au contraire, vous voulez participer à une grosse manifestation, prenez rendez-vous avec l'organisation pour bien savoir ce qu'ils attendent d'un exposant, sans oublier que ces événements se prévoient longtemps à l'avance. On vous demandera sans doute de montrer certaines de vos créations, préparez vos meilleures photos et apportez vos plus belles pièces !

CONCEVOIR SON STAND

Concevez votre stand comme si c'était votre maison mère, un magasin portable qui sera le porte-drapeau de votre marque. C'est l'occasion de vous faire remarquer en attirant les curieux et en faisant connaître votre marque. Ne ménagez pas vos efforts, soyez original et restez inoubliable, c'est comme cela que vous allez vendre et vous assurer des fidèles. Plus vous serez créatif et original, plus vous encouragerez la curiosité, l'intérêt et l'achat.

Visitez des stands de créateurs. Vous pouvez en trouver sur Internet en allant sur le site de Flickr (p. 123) où il y a une catégorie de photos consacrée aux stands et aux étalages de créateurs (rentrer sur Flickr les mots-clés en anglais « craft show stands » dans « Explorer - Creative Commons » ou aller dans « The Commons » sur le site en français). Arpentez aussi les salons et les marchés créatifs. Prenez des notes et gardez un œil critique, faites-vous une liste de « j'aime », « je n'aime pas » pour vous aider à concevoir votre stand idéal et parfait.

QUELQUES FACTEURS

1 LES COULEURS

Elles doivent mettre en valeur vos créations et non les étouffer, ne les faites pas disparaître à cause d'un décor aux couleurs trop vives ou criardes. Choisissez plutôt des teintes et des nuances qui seront des écrins pour vos œuvres. Décorez tout votre stand dans la même harmonie, pensez à peindre ou à recouvrir le sol et le plafond d'une couleur ou d'un motif complémentaires. C'est la meilleure façon d'attirer les regards, qu'on se souvienne de vous et qu'on vous reconnaisse facilement. Respectez votre charte graphique, utilisez les couleurs de votre marque. Adaptez vos accords de couleurs à l'atmosphère que vous voulez créer et à la manifestation à laquelle vous participez : une ambiance chaleureuse et de fête, par exemple, pour un marché de Noël.

2 LES PRÉSENTOIRS

Des petites étagères et des sellettes permettent de créer plusieurs niveaux et différents espaces d'exposition sur votre stand. Ainsi, vous pourrez exposer plus d'objets en évitant l'encombrement et le fouillis et il sera plus facile d'y circuler.

1 *Composez vos étalages en fonction de l'atmosphère que vous voulez créer pour vos visiteurs.*

2 *Ajoutez des étagères sur vos tables et disposez vos articles pour qu'ils soient facilement atteignables.*

3 *Tout, sur votre stand, doit porter une indication précise : prix, étiquette et usage.*

3 LA SIGNALÉTIQUE

Des étiquettes détaillées entretiennent la curiosité du visiteur tout en l'informant et en le rassurant. Sans ces informations essentielles – les matériaux et le prix – il pourrait ne faire que passer, sans s'arrêter. Il faut éveiller l'intérêt et susciter la curiosité. Pensez d'ailleurs à disposer des plaquettes ou des cartes de visite portant les caractéristiques de votre marque, vos coordonnées, et présentant vos créations et votre travail (n'en faites quand même pas trop, vous voulez avant tout qu'on regarde vos objets).

4 LA PROMOTION

Faites la promotion de votre stand sur Internet en annonçant chacune de vos participations à une manifestation. Profitez de vos essais de mise en place pour faire des photos dont vous illustrerez vos annonces.

4 *Entraînez-vous à installer votre stand et prenez-en de jolies photos que vous pourrez mettre en ligne pour annoncer votre participation à une nouvelle manifestation.*

TECHNIQUES DE VENTE

Laissez les gens tranquilles, laissez-leur de l'espace. Ne leur sautez pas dessus. Interrompez en revanche votre conversation, si vous en avez une, ou raccrochez le téléphone quand quelqu'un rentre sur votre stand ; ainsi, vous risquez moins de rater une vente.

Attendez que votre visiteur examine une étiquette ou prenne un objet pour engager la conversation et pour lui donner des informations sur le produit.

Soyez aimable. Personne n'a envie de flâner sur le stand d'un vendeur bougon et peu accueillant. Ça semble évident, mais un sourire peut beaucoup. Ce n'est pas une raison pour vous sentir offensé si la personne n'a pas envie de vous parler. Il y a des gens plus ou moins polis, d'autres sont timides et, quoiqu'il arrive, vous devez rester courtois.

Même les meilleurs artisans d'art ont de mauvais jours, où ils ne vendent rien. C'est sans doute un crève-cœur, mais il n'y a rien à faire et ça n'a rien à voir avec la qualité du salon, ni avec le temps qu'il fait !

Vérifiez la météo la veille, si c'est un marché en plein air. Il n'y a rien de pire que de geler toute une journée, parce que vous n'avez pas la bonne veste, ou de porter de grosses bottes quand il fait chaud.

Prenez avec vous quelques travaux inachevés pour vous occuper pendant les périodes de calme. Ce sera l'occasion de tricoter les derniers rangs de cette fameuse écharpe ou de recoudre ces boutons, ce que vous auriez dû faire il y a déjà une éternité. En plus, ça peut être une bonne façon de montrer que c'est vous « l'artiste du fait main », et un bon moyen d'engager la conversation.

N'oubliez pas d'imprimer sur vos documents de promotion tous vos liens Internet vers vos sites et vos réseaux sociaux. Mettez vos dépliants et vos cartes de visite à disposition ou donnez-les. Très souvent, les achats ne se font pas pendant les manifestations et les visiteurs pourront visiter plus tard votre e-boutique ou votre plateforme de vente.

À LA RENCONTRE DES CRÉATEURS
VICKY TRAINOR

Vicky a créé deux marques d'accessoires de décoration intérieure : *The Vintage Drawer* et *The Linen Garden*. Elle a toujours eu une âme d'artiste, collectionnant, rassemblant et cherchant tout ce qui pouvait lui servir à créer.

« J'adore tester et découvrir de nouveaux produits dans les salons et demander aux gens leur avis sur de nouveaux motifs, les créations et les prix. C'est très satisfaisant et bénéfique de pouvoir rencontrer les gens "en vrai" »

Logiquement, Vicky a étudié les textiles et l'art de la broderie. Son entreprise principale, *The Vintage Drawer*, lui permet de se consacrer à ce qu'elle préfère entre tout : utiliser les tissus, la broderie, le dessin, la décoration, les étoffes, tous ses trésors accumulés et ses accessoires de mercerie, pour les refaçonner, redessiner, recouper... selon sa propre éthique du « faire, fabriquer et adapter ». Elle utilise principalement de vieilles nappes en lin brodées et abîmées et des étoffes anciennes qu'elle associe à des cotonnades modernes et flambant neuves.

VOUS Y ÊTES PRESQUE !

Vous aurez un stand aéré et pourrez y présenter beaucoup plus d'objets s'il est bien organisé, alors regroupez vos créations par genres et par thèmes en n'exposant qu'une ou deux pièces de chaque série.

Ayez la main légère en choisissant vos éléments d'étalage. Vos présentoirs n'ont pas à être plus beaux que vos objets ; ils ne servent qu'à les présenter et doivent mettre en valeur votre travail.

Quand vous allez choisir vos accessoires de présentation, pensez à quoi ils pourraient servir chez vous. Comme ça, si votre première participation à un salon n'est pas à la hauteur du succès escompté, vous aurez acquis des éléments multifonctionnels et évité de gaspiller votre argent.

Équipez-vous suffisamment ; il est toujours préférable d'en avoir un peu trop que pas assez. Tenez compte de plusieurs facteurs : la durée de la manifestation et, est-ce que ce sera ouvert toute la journée, le soir ou alors seulement le week-end ? Quand a-t-elle lieu ? C'est tout cela qui va déterminer la quantité de produits que vous devrez prévoir et, donc, les étalages correspondants. Pour une petite exposition-vente où les gens n'ont pas beaucoup d'argent liquide sur eux, proposez vos pièces les plus petites mais en plus grande quantité : ils seront plus enclins à faire un achat impulsif si les prix ne sont pas élevés. Fabriquez toujours plus de produits que vous ne le croyez nécessaire ; vous pourrez les exposer à la prochaine occasion ou les vendre en ligne.

Maintenez l'ordre sur votre stand. Le fouillis n'est certainement pas un gage de qualité ni de bon goût, mais quelques astuces permettent de donner une impression d'abondance en évitant le désordre. Commencez par regrouper vos créations par taille, genre ou usage. Par exemple, si vous avez des magnets faits main, accrochez un tableau magnétique au mur pour les exposer. Ajoutez des magnets au fur et à mesure des ventes et quand vous n'en aurez presque plus, utilisez-les pour accrocher votre matériel publicitaire.

Quand, rarement, les organisateurs de la manifestation n'attribuent pas d'emplacement précis aux exposants, arrivez bien en avance pour avoir non seulement le temps de vous garer correctement et de tout organiser, mais aussi pour être prêt à vous installer dès l'ouverture.

N'oubliez pas que vous êtes dans l'obligation de souscrire une assurance individuelle afin de couvrir votre responsabilité civile envers les tiers et les risques de dommages aux biens (vols, incidents, accidents).

« Entraînez-vous bien avant le grand jour, testez vos tables et ajustez la hauteur de vos étagères, puis organisez votre étalage en vous mettant dans la peau du visiteur. C'est sûr que vous n'aurez aucun succès si vous entassez n'importe comment un monceau d'objets ! Parce qu'avant tout, ça doit être beau ! Trouvez des supports originaux et pratiques pour mettre en valeur votre marque (il y a des mines d'idées aux marchés aux puces ou dans les boutiques vintage) en ne choisissant que des éléments assortis à votre style. »

Emma Lamb

PRÉSENTER VOS CRÉATIONS

Il n'y a pas que des vêtements que les cintres doivent porter, vous pouvez y suspendre des ceintures et des foulards ou bien des éléments de décoration, comme des taies, des draps ou des couvertures… Pourquoi ne pas les peindre ou les recouvrir de tissu, et fabriquer des cintres à votre marque ?

Cintres à vos couleurs

1. Commencez par recouvrir vos chutes de tissus de double-face. Coupez soigneusement vos tissus, le long des adhésifs. Toutes vos bandes de tissus doivent être recouvertes par le double-face.

2. Retirez quelques centimètres de la protection du double-face et couvrez une des extrémités du cintre de tissu. Continuez à enrouler le tissu sur le cintre à mesure que vous retirez la protection. Enroulez et serrez le tissu soigneusement. Prenez une autre bande de tissu, quand vous avez fini d'en enrouler une, en recouvrant le bout de la bande précédente.

3. Quand vous arriverez à votre point de départ, enroulez le crochet de votre cintre. Coupez le tissu en trop et faites un joli nœud à la base du crochet.

FOURNITURES

- Ruban adhésif double-face
- Chutes de tissu
- Cintres en fil de fer
- Rubans

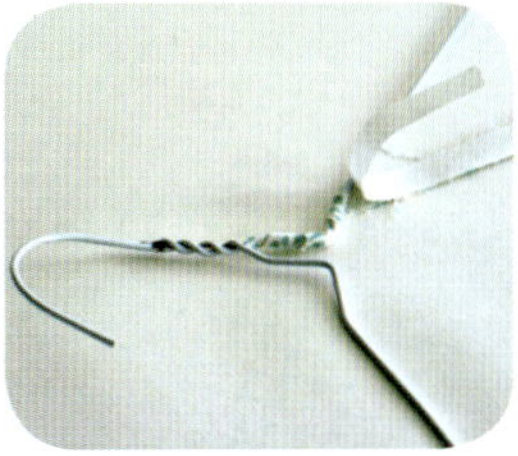

Cintres peints

1. Protégez le crochet du cintre avec du ruban de peintre pour ne pas le peindre avec le reste.

2. Peignez le cintre à la bombe, en respectant les précautions d'usage. Couvrez bien tout votre cintre de peinture et de façon uniforme.

3. Laissez sécher. Je préfère faire plusieurs couches légères de peinture, en laissant à chacune le temps de sécher, pour éviter les coulures et obtenir une couche uniforme.

FOURNITURES

- Cintres en bois
- Masking tape
- Peinture en bombe pour le bois

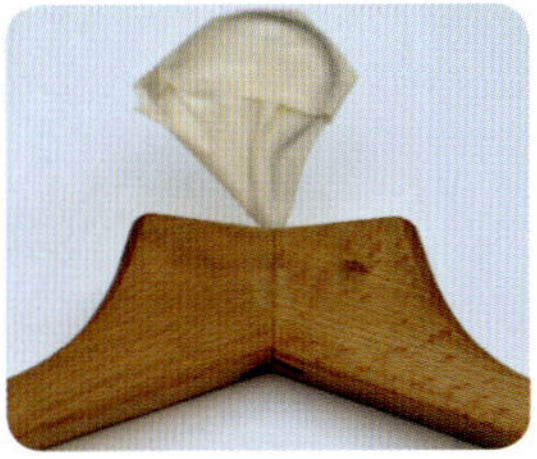

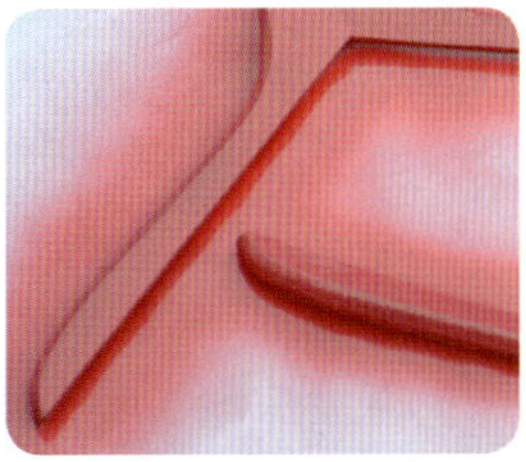

CHECK-LIST DE VOTRE STAND

1 ÉLÉMENTS D'ÉTALAGE

- ❑ Inventaire
- ❑ Présentoirs et vitrines
- ❑ Signalétique
- ❑ Chariot, diable et sacs
- ❑ Kit d'urgence – épingles à nourrice, élastiques, tendeurs, liens divers, ciseaux, ficelle et cordelette
- ❑ Bâche en plastique et parapluie en cas de mauvais temps

2 POUR LA VENTE

- ❑ Monnaie
- ❑ Terminal de carte bancaire (p. 82)
- ❑ Cahier de compte
- ❑ Matériel d'emballage ; sacs, boîtes et papier cadeau, rubans et scotch
- ❑ Stylos et crayons

3 PROMOTION

- ❑ Cartes de visite
- ❑ Dépliants ou affichettes
- ❑ Feuille d'inscription à votre diffusion de mails

4 POUR VOTRE CONFORT

- ❑ Pochette ou besace pour votre argent liquide
- ❑ Kit d'urgence – mouchoirs en papier, baume à lèvres, crème solaire, antalgique, pansements
- ❑ Eau et petites provisions
- ❑ Chaise
- ❑ Fournitures pour votre pratique
- ❑ Vêtements supplémentaires s'il fait froid, un imperméable ou un coupe-vent et un chapeau pour vous protéger du soleil
- ❑ Chaussures confortables

1
3
4

APRÈS LA VENTE

Après chaque manifestation, calculez vos bénéfices en veillant à inclure dans vos comptes les dépenses liées à votre participation, tels les frais de transport ou d'inscription ainsi que tous ceux que vous n'aviez pas prévus.

Vous pourrez adapter votre production, en faisant le bilan des articles qui se sont vendus et ceux qui ont été les plus rentables.

Notez les ventes réalisées grâce à la publicité donnée à votre participation à cette manifestation. De même, si vous avez déjà un seul client régulier, qui revient parce qu'il a un jour pris un de vos dépliants et vous suit depuis sur Internet, c'est gagné.

Au fil du temps et avec l'expérience, vous saurez choisir les manifestations qui vous correspondent le mieux et pourrez planifier longtemps à l'avance votre agenda.

« J'ai toujours des prospectus avec moi, pour multiplier mes chances de vente. Je donne un bel assortiment de dépliants à chaque personne qui rentre sur mon stand, que ce soit pour bavarder, flâner ou acheter. Je passe beaucoup de temps à les faire pour qu'ils soient les plus séduisants possible, en espérant que les gens voudront les garder parce qu'ils les trouvent jolis à regarder. Certains les accrochent d'ailleurs sur les murs de leurs ateliers. »

Vicky Trainor,
The Vintage Drawer

VENDRE EN BOUTIQUE

Si vous réussissez à vendre vos créations dans une boutique d'art et d'artisanat, c'est une occasion en or pour faire prospérer votre entreprise, en plus d'être une jolie preuve de reconnaissance. Donc, avant de commencer à démarcher, préparez-vous. Prévoyez d'apporter un bel assortiment de vos collections, les supports promotionnels de votre marque, votre packaging et vos listes de prix. Vous n'oublierez pas non plus de dire que vous êtes présent sur Internet et actif sur les réseaux sociaux.

Maintenant, la question à 1 000 €: comment faire pour qu'une boutique accepte de vous vendre ? Il n'y a pas de recette miracle, mais il y a quand même quelques principes à appliquer, quelques erreurs à éviter et... vous devriez y arriver !

Commencez par faire le tour des boutiques qui pourraient convenir, tenez compte de leur emplacement et préférez celles dont la concurrence n'est pas juste en face.

C'est une étape absolument essentielle. Vous devez prendre le temps qu'il faut pour visiter vous-même chaque boutique. Évitez, à cette étape, de vous présenter et de parler de votre travail, mais observez et notez mentalement tout ce que vous voyez ; l'accueil, l'information aux clients, la présentation des articles, les emballages. Regardez les prix affichés, voyez si des articles ressemblent à ceux que vous réalisez et si leurs qualités sont à la hauteur des vôtres, assurez-vous que votre travail et vos créations pourraient bien y figurer. Poursuivez vos recherches en vérifiant leur présence sur Internet et en consultant leur page Web : vous devez presque tout savoir du magasin avant votre premier rendez-vous professionnel.

Une fois la liste des meilleures boutiques établie, contactez leurs directeurs, propriétaires ou gérants, par téléphone ou par e-mail et prenez rendez-vous. Soyez aussi courtois, dynamique et professionnel que pour un entretien d'embauche, mais n'oubliez surtout pas d'apporter des prototypes de vos créations ainsi que tous les emballages et autres accessoires aux couleurs de votre marque.

Déterminez vos prix de gros avant l'entretien (voir la formule de calcul, p. 78-80), puisque c'est celui que vous toucheriez. Comprenez bien que les prix qui seront affichés seront forcément supérieurs à vos prix de détail sur Internet, afin de couvrir en partie les charges (loyer, assurances, etc.) et permettre à la boutique de dégager un bénéfice. On va sans doute vous demander de suggérer un prix de vente et vous allez aussi aborder les conditions générales de vente, telles que le montant minimum de commande (valeur et quantité minimums) ou que la périodicité des règlements. Pourquoi ne pas proposer de réductions en cas de grosses commandes... ? Préparez aussi à l'avance cet aspect de l'entretien.

En partant, donnez une fiche d'information, un dépliant ou une carte de visite, où le vendeur trouvera vos coordonnées avec vos conditions de vente, vos prix de gros et de détail. Ce sera encore mieux si vous offrez un assortiment de photos, accompagné de descriptions de vos produits. Bien préparé, vous serez plus sûr de vous et donnerez une image de sérieux et de professionnalisme.

À NE PAS FAIRE

- Se présenter dans une boutique avec vos créations sans avoir pris rendez-vous, et essayer d'imposer vos articles. Les gérants de boutique n'apprécient pas.
- Avoir des prix pas clairement fixés. Vous devez connaître votre prix de gros, n'attendez pas du propriétaire de la boutique qu'il le fasse pour vous.
- Ne parler que de vous et de votre travail. Intéressez-vous à la boutique et à ce qu'elle contient, au travail du vendeur. Expliquez ce que vous appréciez dans ce que vous voyez. Parlez de ce qui vous y séduit. Un compliment est rarement mal reçu !
- Se décourager si le propriétaire refuse de vendre vos créations.

À LA RENCONTRE DES CRÉATEURS
ANNE CRESCI

Anne Cresci est illustratrice, et a créé sa marque *Matilou*. Elle a étudié le dessin et le graphisme à l'école d'art Émile Cohl de Lyon, puis débuta sa carrière d'illustratrice en 1999, découvrant dix ans plus tard le site Etsy, à un moment où elle avait envie de tester de nouvelles directions. Elle se lança alors dans la création de bijoux en s'inspirant de ses dessins.

« J'ai souvent honte du désordre qui règne dans ma boutique quand des clients y rentrent. En même temps je me rassure en me disant qu'ils vont apprécier le fouillis artistique... une très bonne excuse que je me suis trouvée. »

Stimulée par tous les travaux des créateurs qu'elle avait rencontrés, Anne se lança dans de nouvelles illustrations pour réaliser ses colliers. Ensuite, tout alla très vite et son entreprise grandit. Maintenant, elle a ouvert sa propre boutique, *Matilou*, à Lyon, en France, où elle vit avec ses deux enfants, Matis et Lou.

CHAPITRE 5
LA PROMOTION

Une fois leur entreprise lancée, beaucoup de créateurs oublient de s'occuper de leur communication ou n'y consacrent pas le temps nécessaire. Vous devez pourtant impérativement vous retrousser les manches et activement vous faire connaître ; l'information doit se répandre : qui êtes-vous ?, que créez-vous ?, quelles sont vos valeurs ?, en quoi êtes-vous unique ? Vous allez montrer votre plus beau profil, mettre toutes les chances de votre côté, et votre originalité et votre professionnalisme en avant. Ainsi, grâce à une stratégie publicitaire bien pensée, vous aurez les meilleures cartes de votre côté pour conquérir le marché.

LE FAIRE-SAVOIR

Une bonne promotion a du « peps », elle doit présenter vos produits au bon public et avec dynamisme. C'est grâce à une publicité bien ciblée que vous vendrez. Et peu importe que vous fabriquiez des merveilles ou que votre marque soit originale, si vous n'en faites pas la promotion, vous ne ferez pas un cent de bénéfice. Personne n'achètera vos créations, si personne n'en entend parler.

Assurer sa promotion prend du temps et demande un travail régulier, c'est une activité de longue haleine qui va grandir avec votre entreprise. Les grandes entreprises dépensent des sommes considérables pour leur publicité et, que ça nous plaise ou non, ça marche. Toutefois, en ce qui vous concerne, il existe toutes sortes de moyens pour être efficace sans dépenser un sou.

« Nous avons toujours des cartes de visite sur nous, on ne sait jamais sur qui on peut tomber ! »
City Chic Country Mouse

Le « networking », ou maillage, que je préfère appeler « se faire un réseau amical de créateurs qui ont une sensibilité et des objectifs communs » consiste à être actif sur les réseaux de votre communauté (d'artistes et créateurs), en faisant des rencontres amicales et professionnelles, en ligne ou en personne, qui vont vous permettre de connaître tous les rouages du marché des arts créatifs. Je me suis fait des amis merveilleux grâce aux blogs, en visitant ou en participant à des salons et aussi grâce aux réseaux sociaux. Alors allez-y, poussez la porte et présentez-vous. Il y a au moins une chose qui est sûre, c'est que la communauté des artistes créateurs est adorable !

CONSEILS

- Distribuez vos cartes de visite, prenez-en aussi. C'est le moyen le plus sûr de rester en contact.
- Utilisez des techniques de réseautage dont le style vous correspond.
- Intervenez sur les forums de discussions ou sur les pages des créateurs qui vous plaisent.
- Ne laissez pas les choses se faire sans vous ; soyez à l'affût de tout salon, exposition ou manifestation et allez-y.
- Donnez des conseils et des avis, les réseaux sont de formidables outils d'entraide.
- Souriez et amusez-vous. Cela doit être créatif et non une corvée. Soyez vous-même.

LE SAVOIR-FAIRE

Commencez par dresser une liste exhaustive des atouts de votre marque, quelles en sont les caractéristiques, quelles sont vos valeurs et qu'est-ce qui rend vos produits différents de ceux de la concurrence ?

Sélectionnez ensuite vos plus belles photos, qui doivent être en haute-résolution. Légendez-les avec quelques phrases simples. Utilisez les mots-clés couramment utilisés sur les plateformes de vente pour décrire et classer vos produits par catégories et par thèmes. Préparez une note biographique en n'oubliant pas de mentionner vos goûts et vos influences.

Éditez un catalogue, fabriquez un dépliant ou préparez un communiqué de presse ; la qualité et l'originalité de vos produits doivent se remarquer en le parcourant et au premier coup d'œil. Préparez une liste de prix séparée, que vous pourrez modifier au fil du temps et en fonction du volume de commandes que vous recevrez.

Utilisez tous les supports de communication possibles. Ne comptez pas seulement sur votre plateforme de vente ou sur un stand éphémère pour attirer de nouveaux acheteurs. Créez un blog et profitez de l'énorme audience des réseaux sociaux, tels que Facebook, Twitter, Flickr et Pinterest. Votre présence doit être dynamique et communicative, il faut encourager le bouche-à-oreille pour que le plus de gens possible « partagent », « aiment » et fassent la publicité de vos créations. Contactez les journaux, envoyez régulièrement un communiqué annonçant vos nouvelles créations – quelques photos, quelques lignes qui les résument et une mise en page soignée... Faites la même chose sur votre blog, tenez-le à jour et entretenez vos relations sur la blogosphère. Vous êtes créatif, vous avez des choses à vendre, alors faites-le savoir !

ASTUCES

- Préparez des catalogues de vos produits en papier, mais aussi des mise en pages soignées pour Internet. Utilisez le plus de supports possible pour atteindre le plus de clients possible.
- Surprenez, soyez percutant et original.

CONSTRUIRE SON RÉSEAU SUR INTERNET

C'est devenu une lapalissade de dire que la télévision nous occupe beaucoup moins depuis qu'Internet a envahi notre environnement, et ce n'est pas un mal. C'est tout de même extraordinaire d'avoir à portée de souris ces blogs, ces idées sur Pinterest et ces forums pour nous aider ! Ça serait malheureux de ne pas profiter d'une telle bourse d'échanges ! Alors, partagez, publiez (« postez »), commentez, mais n'essayez surtout pas d'en profiter pour vendre vos créations, vous passeriez pour un amateur ; réservez cela aux plateformes de vente. Intégrez une communauté, construisez-vous un réseau relationnel, partagez vos coups de cœur et votre expérience sans rien demander en retour, les relations vont se nouer tout naturellement.

Il n'y a pas plus simple ; il y a une multitude de réseaux sociaux à la portée de tous et une quantité infinie de possibilités. Commencez par vous inscrire sur un ou deux réseaux, puis laissez-vous entraîner vers d'autres. L'inscription est la plupart du temps gratuite, vous ne prenez donc aucun risque à les tester pour ne finalement privilégier que ceux qui vous correspondent le mieux.

À gauche et ci-dessous : *se faire connaître sur Internet est un jeu d'enfant à l'ère des réseaux sociaux.*

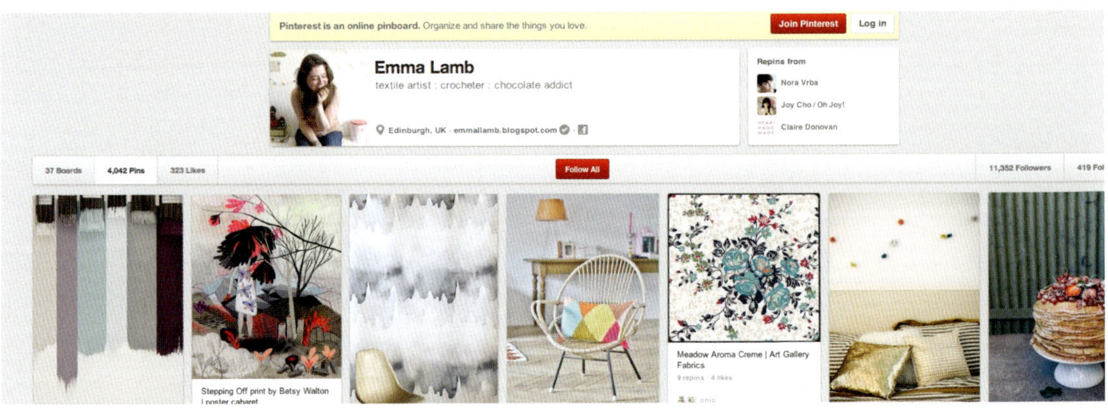

À LA RENCONTRE DES CRÉATEURS

TABITHA EMMA

L'Australienne Tabitha Emma est illustratrice et graphiste et crée des broderies sur tissu. Sa marque est son propre nom, *Tabitha Emma*. C'est grâce à des cours de couture, au lycée, et à un projet de création de porte-monnaie que sa vocation est née. Elle étudia la mode et le textile au Whitehouse Institute of Design de Melbourne, puis la communication et le graphisme à l'Enmore Design Centre de Tafe, toujours en Australie.

« Twitter est mon réseau social préféré. Il m'a permis de découvrir les créations et les événements d'artistes créateurs, et de rester en contact avec ceux qui partagent mes centres d'intérêts et m'encouragent. »

Tabitha a commencé à vendre ses créations sur Etsy en 2007, quand elle s'est rendu compte que l'industrie de la mode ne lui convenait pas. Elle a très rapidement vendu quantité de sacs et de porte-monnaie et son entreprise a cru dans différentes directions, soutenue et encouragée par des gens qui l'ont aussi inspirée.

Tabitha n'aime rien autant que créer et dessiner, et touche à tout ce qui a trait à la création graphique : l'illustration, les tissus, les motifs et les imprimés, l'animation numérique et la conception de sites Internet. Elle est free-lance à plein temps depuis 2010, après l'avoir été à mi-temps à partir de 2007.

FACEBOOK

Facebook est le réseau social le plus utilisé, en termes d'audience et d'utilisateurs, et la plus grande plateforme de communication au monde. Comment ne pas en profiter? Découvrez tout ce que Facebook peut apporter à un créateur.

Pour la publicité d'une entreprise et pour la promotion d'une marque sur la Toile, Facebook est un support inégalable – un must de l'e-marketing. En quelques clics, vous créez une page exclusivement dédiée à vos produits, vous lancez un groupe de discussion autour d'un thème précis ou lancez une campagne publicitaire bien ciblée. De toute façon, être sur Facebook est un incontournable de la promotion sur Internet et s'en servir, un véritable jeu d'enfant. Vos amis et vos proches sont sans doute ravis de pouvoir admirer vos photos personnelles, mais, à moins que vous ne soyez un photographe professionnel, vos clients n'en ont rien à faire. C'est bien pour cela que vous devez créer votre propre page professionnelle, en séparant votre activité créative de votre vie privée; en plus c'est très facile, puisque Facebook propose des outils sur mesure. Dont le fameux « Facebook Insight », qui mesure votre audience et votre visibilité – combien ont partagé, commenté ou aimé vos publications – et vous permet d'évaluer précisément l'efficacité de vos actions sur votre page et d'adapter en conséquence votre stratégie de communication. Grâce à ces données, vous allez devenir un pro du marketing viral et bénéficier d'un bouche-à-oreille sensationnel.

Bon. Mais c'est quoi une page Facebook? Selon ses mots, c'est: « Une extension de votre entreprise. Elle vous permet de communiquer facilement avec les gens qui comptent le plus pour vous. C'est une solution clé en main pour vous aider à créer de l'engagement chez vos clients ». N'importe qui, possédant déjà un profil Facebook, peut créer sa page en quelques minutes, c'est simple et gratuit. Toutefois, il y une sacrée différence pour une entreprise, entre une page Facebook quelconque et une très bonne page Facebook. La bonne nouvelle, c'est que vous n'avez pas besoin d'être graphiste, ni informaticien, ni un expert en marketing, ni encore d'être un touche-à-tout du Web, pour réussir à créer une page séduisante et irrésistible. Il vous faudra seulement un peu de patience et de méthode, en plus des conseils qui vont suivre.

Première étape: vous inscrire et vous créer un compte Facebook, si vous n'en avez pas déjà un. Allez sur « Créer une page » ou accédez-y directement en rentrant l'adresse Web suivante « facebook.com/pages/create ». Sélectionnez ensuite la catégorie qui vous correspond, *a priori*: « Marques et Produits », sauf si vous possédez déjà un magasin – dans ce cas, sélectionnez « Commerces et locaux ». Choisissez la sous-catégorie appropriée puis, après avoir accepté les Conditions applicables aux Pages Facebook, entrez le nom de votre marque, cliquez sur « Démarrer » et... votre page est créée. Oui, oui, c'est aussi simple que ça!

« Ma page Facebook et mon blog sont mes supports préférés pour parler de mes créations, nouer des liens avec mes clients et faire mon auto-promotion. Ce sont les seuls endroits où je ne me sens pas gênée et où je n'ai pas l'impression d'en faire un peu trop! Mon blog est parfait pour expliquer mes nouvelles créations, en ajoutant plein de photos et de détails, alors que ma page Facebook est parfaite pour donner rapidement des infos et me permet d'atteindre régulièrement plus de monde. »

Emma Lamb

Faites quand même attention à bien réfléchir au nom de votre page. Je conseille habituellement d'utiliser le nom de la marque, la même que celle utilisée dans l'adresse Web (l'URL) de votre site. Mais comme il y a énormément de pages déjà créées sur Facebook, il se peut que le nom que vous vouliez utiliser soit pris, c'est donc pour cela qu'il est impératif que vous vous inscriviez dès la création de votre marque, le plus rapidement possible. Parce que, même s'il se peut que vous ne vous serviez pas de Facebook dès vos débuts, vous en aurez certainement besoin par la suite.

Prenez connaissance des règles d'utilisation, consultez toutes les informations et les pages d'aide qui sont à votre disposition, assurez-vous de ne pas enfreindre les quelques interdits. Ne risquez pas, par ignorance, la fermeture de votre page dès sa création !

Importez ensuite la photo de profil, habituellement votre logo ou votre image virtuelle, qui apparaîtra à côté de chacune de vos publications. N'oubliez pas que plus votre marque sera visible, plus elle aura d'audience ; c'est pour cela que je recommande d'utiliser son logo.

CARACTÉRISTIQUES SUPPLÉMENTAIRES

Vous allez maintenant choisir une belle photo de couverture, illustrant au mieux votre travail. L'effet recherché est d'obtenir que ceux qui arrivent sur votre page comprennent immédiatement qui vous êtes et ce que vous proposez. Vous pourrez aussi tirer profit d'un nouveau profil, la « Timeline », un « Journal » chronologique, que Facebook a mis en place récemment et qui organise de manière claire et précise tout ce que vous avez posté sur Facebook.

L'onglet « À propos » est un outil essentiel qui va vous permettre de présenter votre entreprise en quelques lignes. Soyez clair et précis pour susciter intérêt et curiosité. Pensez aussi à utiliser des mots-clés qui puissent être compris par des anglophones, n'oubliez pas de donner l'URL de votre site Web en haut de votre « À Propos » afin d'éviter qu'elle ne soit perdue au milieu de toutes les informations. L'essentiel doit se lire en quelques lignes.

Tout ce qui précède concerne la page d' accueil, qui doit donner toutes les informations pertinentes en quelques mots et avec des illustrations bien choisies (« trop d' info tue l' info » et le curieux passera son chemin). Mettez-vous à la place d' un « visiteur » et examinez le tout d' un œil critique. Vous aurez réussi, si vous retenez l' attention et donnez envie de « partager » et d' « aimer » votre page.

Retenez aussi l'attention de vos visiteurs grâce à des applications gratuites, des ajouts et les mises à jour régulières des sections « Événements » et « Films ». Veillez à ce que les ajouts les plus intéressants apparaissent en premier, puisque ce sont ceux qui seront visibles sur les vignettes, alignées sous votre photo de couverture. Vous pouvez les arranger dans l'ordre que vous voulez, sauf la vignette « Photos » ; et vous pouvez aussi enregistrer l'image de votre choix sur toutes ces vignettes, sauf celle qui s'appelle « Mentions J'aime » ; encore une astuce facile et efficace pour imprimer votre style à votre page.

Votre page professionnelle Facebook enfin terminée, demandez à tous vos amis de cliquer sur « J'aime », une bien agréable façon de donner votre coup d'envoi et de relayer immédiatement votre travail.

ENSUITE

Après cette étape essentielle (qui peut tout de même vous prendre quelques heures), il vous faut entretenir votre page en préparant des articles (des « post »), des commentaires, des photos et des illustrations que vous allez publier le plus régulièrement possible. Votre page doit être active et vous ne devez surtout pas vous endormir sur vos premiers lauriers, une page Facebook inactive est une page « comateuse » et que personne ne relayera (aucun nouveau clic sur aucun « J'aime » pour vous). Ajoutez des publications qui ne comportent pas plus de 90 mots, si vous voulez y inclure un lien, faites-le suffisamment tôt dans votre « post ». Publiez aussi sous forme de questions pour engager facilement des conversations et prenez l'habitude de passer dix minutes par jour à alimenter votre page.

Ces dix minutes quotidiennes sont essentielles pour entretenir une relation suivie avec vos clients, puisque plus l'entreprise est petite plus la relation avec la clientèle doit être de qualité. En plus, tous les retours que vous aurez vous seront utiles pour vos futures idées ou réalisations. En entretenant des contacts plus humains, votre entreprise prospérera dans un environnement attentif et bienveillant.

POINTS CLÉS

1. Utilisez le nom de votre marque et faites-le dès que vous l'aurez choisi, afin de pouvoir en garder l'exclusivité.

2. Votre avatar, cette petite image virtuelle, va accompagner toutes vos publications sur Facebook. Reportez-vous p. 60-61 pour découvrir les trucs et les ficelles d'un bon avatar.

3. Changez régulièrement votre photo de couverture, grâce au « Journal », votre travail sera présenté chronologiquement.

4. La section « À Propos » doit vous définir efficacement en quelques mots-clés bien choisis et donner les informations essentielles de votre marque.

5. N'oubliez pas de donner l'URL de votre site Web, en haut de la section « À Propos », elle doit être trouvée au premier coup d'œil à votre page.

6. Toutes les vignettes sous votre photo de couverture constituent une bannière qui résume et illustre votre travail sur la page d'accueil. Titres et photos de choc de rigueur !

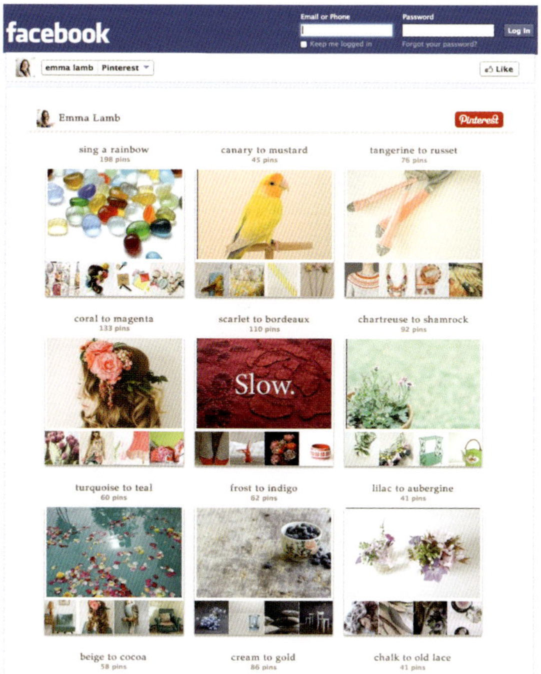

GLOSSAIRE

LIKE

Les « J'aime » permettent à chacun de signifier qu'il aime un contenu et de mesurer la popularité d'une publication.

NOTIFICATION

C'est une alerte qui vous signifie qu'une action a été effectuée sur votre profil ou sur votre page.

STATUS

Mise à jour, qui informe de toutes vos activités.

ASTUCES

- Si vous n'avez pas beaucoup de temps pour actualiser votre page Facebook, pas de problème : vous pouvez l'alimenter automatiquement de vos publications sur votre blog ou sur Twitter. Mais ne vous reposez pas sur les seules mises à jour automatiques, vous devez vous efforcer d'alimenter votre fil Facebook de contenus exclusifs.
- Utilisez les plugins sociaux de Facebook. Une Like box affichée sur votre site et sur votre blog permettra à toute personne inscrite sur Facebook de « liker » d'un clic la page de votre marque et donc de la recommander à toutes ses relations.
- Donnez le plus de détails possible vous concernant dans la section « À Propos ». Profitez-en pour expliquer clairement votre travail et quelles sont vos valeurs.
- Restez en contact avec vos clients grâce à l'application Facebook de votre smartphone.
- N'ayez pas que la vente, la vente, la vente, en tête ; sur Facebook, comme sur tous les réseaux sociaux, vous ne ferez pas long feu si vous ne jouez pas le jeu en ne respectant pas quelques usages et bonnes manières. Le but est certes de créer un lien privilégié avec vos clients et de les fidéliser, mais aussi d'établir une réputation. Faites-vous aussi connaître pour vos goûts et vos coups de cœur, partagez vos trouvailles et faites ressortir votre personnalité.
- Donnez à vos fans ce qu'ils ne pourront pas trouver ailleurs.

PINTEREST

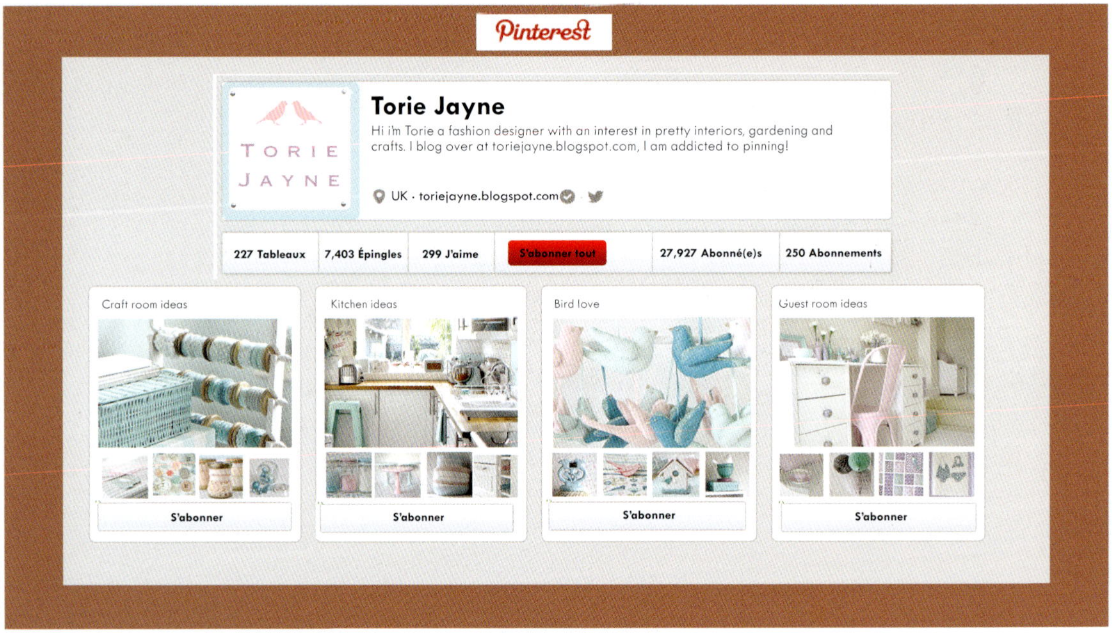

C'est un réseau social sous la forme d'un tableau de liège virtuel, qui permet de partager tout ce que vous aimez en publiant des photos ou des collages de choses que vous avez vues, trouvées et appréciées sur le Web. Alors que les autres réseaux sociaux, comme Facebook ou Twitter, privilégient les commentaires et la mise à jour des statuts, Pinterest est une source d'inspiration illimitée exclusivement consacrée aux visuels. Vous ne pouvez rien publier sur Pinterest si vous n'y épinglez pas une photo ou une vidéo.

Créé en 2010, Pinterest est le premier réseau social à avoir enregistré plus de 10 millions de visiteurs en moins de deux ans d'existence et son succès lui a permis d'intégrer la liste du Top 10 des médias sociaux. Impossible pour vous de ne pas y être présent aussi !

- Ceux qui visitent Pinterest le font pour partager leurs centres d'intérêt, chercher des idées et entretenir leur inspiration, découvrir de nouvelles tendances graphiques, le tout en utilisant seulement des visuels. Le but pour vous est de parvenir à ce que le plus de gens possible épinglent et ré-épinglent vos images, les ajoutent à leur tableau, et suivent vos publications.
- En vous inscrivant sur Pinterest, associez-y vos comptes Facebook et Twitter. Les plugins sociaux de Pinterest permettront aux visiteurs de votre site Web et de votre blog de vous y suivre automatiquement. Épinglez une photo, une image, un dessin ou une vidéo, sur votre tableau à chaque fois que vous avez créé quelque chose de nouveau ou trouvé une bonne idée – ajoutez une courte description. Grâce aux différents plugins installés sur vos réseaux, tout ce que vous publiez va se propager très rapidement, vous ferez du marketing viral sans le savoir !
- Allez sur Pinterest dix minutes par jour pour y avoir une page active et fidéliser vos fans. Ajouter quelques « épingles » par jour, plutôt qu' une centaine une fois par mois. Vos « pins » auront ainsi plus de chance de se retrouver en page d' accueil du site. En épinglant régulièrement, vous entretiendrez l'intérêt pour votre marque.

- Utilisez des mots-clés précis et adaptés pour optimiser vos visuels. Épinglez de jolies images de haute qualité.
- Variez vos présentations et vos visuels. N'épinglez pas de collection de vos produits photographiés toujours de la même façon ou du même angle. Élaborez des palettes d'inspiration, jouez sur les gammes de tissus, de motifs ou de couleurs. Trouvez de nouveaux thèmes, faites ressortir des détails. Créez un assortiment attirant et créatif, et épinglez l'avancement de vos nouvelles créations. Provoquez un « buzz » pour votre travail en faisant ressortir votre originalité. Montrez que vous et votre marque êtes uniques.
- Que vous créiez une catégorie d'objets, n'implique pas que vous n'épingliez que des images de cette catégorie. Votre personnalité et vos goûts sont votre marque (p. 45-50, le branding), qui est à votre image. Épinglez donc tout ce que vous aimez, c'est vous et votre style que vous affichez.

CONSEILS

- Ajoutez le lien source dans la description de l'image que vous épinglez, qu'elle soit d'un de vos produits ou celle de quelqu'un d'autre. Vérifiez que la source soit correctement citée et que le lien soit le bon, surtout si l'image en question mène à un produit de l'e-commerce. Ne vous contentez pas d'épingler vos produits, partagez aussi vos coups de cœur, commentez-les et suivez les « Pinners » qui vous semblent intéressants.
- Pinterest est un outil formidable pour organiser vos sources d'inspiration, une sorte de pense-bête géant et virtuel, en plus d'être un outil efficace d'autopromotion et de construction d'une identité visuelle forte (p. 50, le brand building). Donc, si vous tombez sur un super tutoriel de blogging ou de comptabilité, punaisez-le sur votre tableau secret, à l'abri des regards.

GLOSSAIRE

UNE ÉPINGLE, UN « PIN »

C'est un visuel que vous épinglez sur Pinterest. Vous pouvez épingler une image en utilisant le « Pin It bookmarklet » ou en télécharger une depuis votre ordinateur. Chaque épingle sur Pinterest peut être ré-épinglé, et chaque épingle reliée à sa source

PIN-IT BOOKMARKLET

Le Pin-it est une fonction que vous installez sur votre barre de menu Internet, une fenêtre « pop-up », qui vous permet d'épingler facilement tout visuel que vous aimez et voulez mettre sur un de vos tableaux Pinterest.

REPINGLER

Lorsque vous ré-épinglez sur votre tableau le « Pin » de quelqu'un d'autre, c'est un « Repin ».

UN TABLEAU

Il regroupe une collection de pins, habituellement triés par thèmes, styles ou couleurs. Vous pouvez avoir autant de tableaux que nécessaire. Ils sont publics ou secrets, et vous pouvez inviter des utilisateurs à épingler sur certains.

S'ABONNER

Lorsque vous suivez les épingles de quelqu'un sur Pinterest, vous faites partie de ses abonnés et leurs Pins apparaîtront sur votre tableau ou page d'accueil. Vous pouvez vous abonner à autant d'utilisateurs que vous voulez.

TWITTER

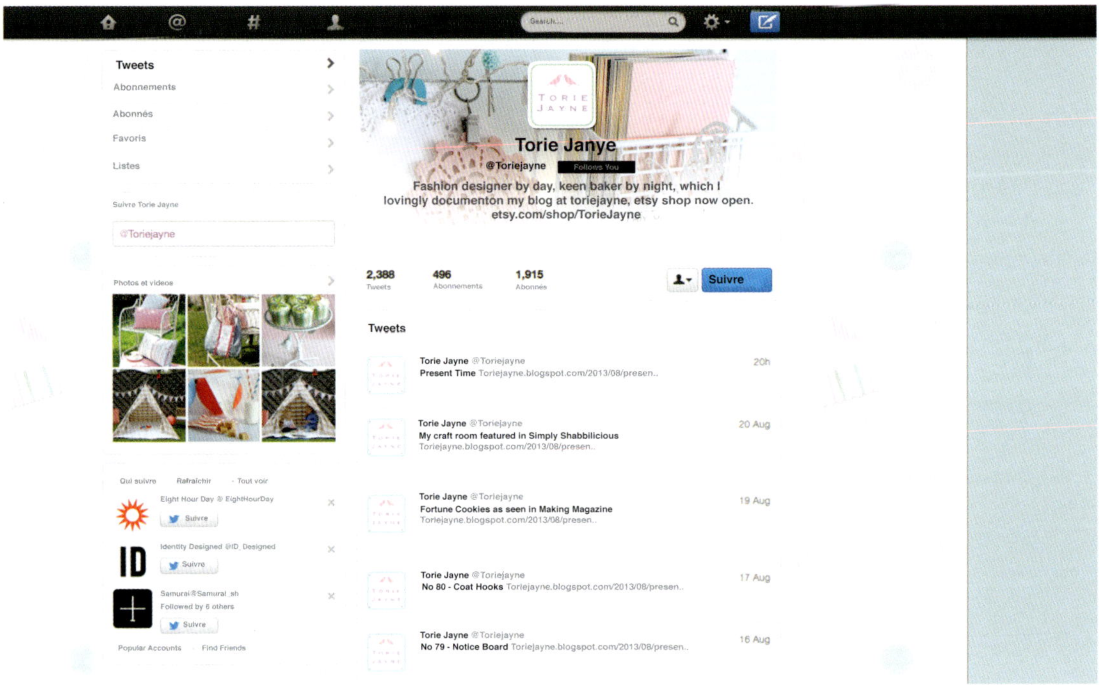

Twitter est un réseau social très différent, c'est celui de l'instantané. Concrètement, c'est une plateforme de micro-blogging qui permet à ses utilisateurs de diffuser et de lire des messages courts (maximum 140 caractères) où peuvent aussi être intégrés des liens URL. Vous pouvez lire soit des conversations entières, soit un seul « tweet ». Créé à San Francisco en 2006, plusieurs centaines de millions de comptes ont été depuis enregistrés sur Twitter, tout autour du monde.

Fort d'un réseau d'environ 200 millions d'utilisateurs quotidiens et de 400 millions de tweets par jour, c'est une plateforme de partage sans pareille dont vous ne devriez pas vous priver. Ses utilisateurs s'en servent pour partager des brèves de vie en relation avec leurs centres d'intérêt.

Commencez par choisir votre « pseudo », ou nom d'utilisateur, sur Twitter ; il doit être court (moins de 15 caractères) et facilement identifiable, utilisez de préférence celui de votre marque ou un qui l'inclut. Rédigez ensuite votre « biographie », une courte description personnelle décrivant votre activité et vos goûts afin que les membres de Twitter puissent choisir facilement de vous suivre ou non. Il est recommandé d' ajouter vos coordonnées, logo, site Web et avatar (p. 60). Personnalisez votre page d' accueil aux couleurs de votre marque et choisissez bien sûr les plus belles photos de vos créations.

Et commencez à tweeter ! N'oubliez pas de faire court et de ne pas dépasser les 140 caractères autorisés, vous pouvez aussi inclure des liens vers des photos, des vidéos ou des articles (des statistiques indiquent que les tweets contenant des liens vers des photos sont deux fois plus consultés que ceux ne contenant que du texte).

ASTUCES

- Annoncez vos ventes et intégrez à votre tweet le lien vers une photo de votre nouvelle création.
- Synchronisez et partagez automatiquement vos publications entre vos différents médias sociaux.
- Ne tweetez pas trop, ni trop rapidement. Vous perdriez en efficacité et vous allez en plus spammer le fil Twitter de vos followers, qui se désabonneront de votre compte.
- Abonnez-vous à des listes dont les mots-clés, les hashtags, sont en lien avec votre activité.
- Installez un widget pour votre site Web en allant sur Configuration du compte> Paramètres>Widgets>Créer un nouveau. Vous pouvez le personnaliser et vos tweets s'afficheront sur votre site.

« Je blogue plusieurs fois par semaine et j'ai maintenant un bon nombre de followers. Pour ne pas ennuyer mes lecteurs, je ne publie pas que des infos sur mes produits. Je partage des petits instantanés de mon carnet de croquis, de travaux faits main en cours, de recettes de cuisine ou de toute autre chose qui me plaît. Lorsque je démarre une nouvelle collection, je l'annonce sur mes blogs, mais aussi sur Twitter, Facebook et Pinterest. »

Amanda Wright, Wit & Whistle

GLOSSAIRE

UN TWEET

Un message comportant au plus 140 caractères.

UN RETWEET OU RT

Un tweet déjà publié par une première personne et republié par une autre.

UN HASHTAG OU

Le « # »accolé à un mot-clé fonctionne comme un marqueur, un tag, qui permet de définir le sujet principal du tweet et de suivre toutes les conversations sur Twitter relatives à ce sujet.

LE SIGNE @

Le « @ » est toujours accolé au pseudo d'un compte Twitter et permet de s'adresser aux utilisateurs voulus.

PSEUDO

Votre nom d'utilisateur et votre URL sur Twitter, que vous pouvez trouver ici : http://twitter.com/pseudo.

LE FIL PRINCIPAL

Il est situé sur votre page d'accueil et contient tous les Tweets des utilisateurs que vous suivez.

LISTES

Ou « listés ». Cette fonction permet d'organiser ses abonnements en groupes ; ces listes d'utilisateurs Twitter sont disponibles dans l'onglet « listes » de chaque profil. Le nombre de « listés » associé à un compte Twitter permet de connaître le nombre de fois que ce compte est ajouté à une liste.

MESSAGES PRIVÉS

Appelés aussi DM, il s'agit de tweets accessibles uniquement à l'expéditeur et au destinataire.

INSTAGRAM

Instagram est une application de retouche et de partage d'images, ses utilisateurs pouvant y enregistrer photos et vidéos. Toutes les photos sur l'application sont dans un cadrage carré et des filtres sont disponibles pour améliorer la photo ou lui donner une touche originale. Vous pouvez soit prendre des photos avec l'application, soit retoucher des photos prises avec un autre appareil. Après, vous donnerez un titre à votre photo et ajouterez une série de hashtags (mots-clés) qui seront descriptifs, inventifs ou amusants. Ensuite, vos photos, retouchées et légendées sur Instagram, pourront être partagées instantanément sur Facebook, Flickr et Tumblr, selon les paramètres choisis.

Sur Instagram, on s'abonne à des comptes dont on aime les photos et les thèmes. Utilisez la fonction « explorer » et les mots clés, les marqueurs, cherchez les noms des créateurs ou de leurs marques. En vous aidant de leurs profils Facebook ou Twitter, vous pourrez déjà savoir qui est présent sur Instagram. Faites des commentaires et « likez » les photos : plus vous le ferez, plus vous serez présent.

Instagram est une application purement visuelle et parfaitement adaptée au milieu créatif. Allez dans l'AppStore, téléchargez l'application, choisissez un pseudo, téléchargez votre photo de profil et voilà !

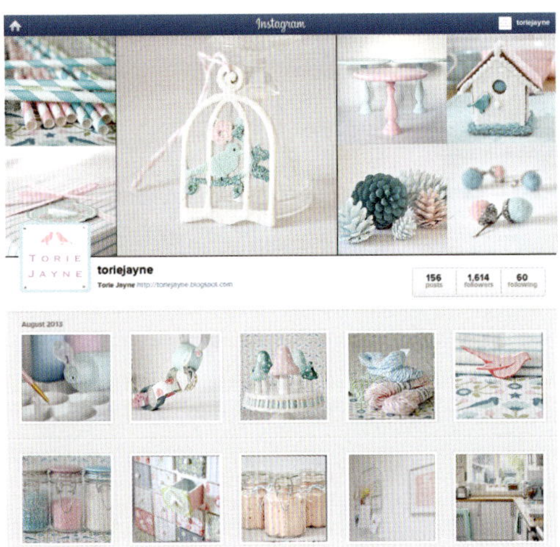

CONSEILS

- Utiliser les hashtags à bon escient est une façon géniale d'obtenir de nouveaux followers et de partager vos photos avec encore plus de gens. Soyez précis en choisissant vos tags, repérez ceux dont la popularité croît, identifiez ceux utilisés par les utilisateurs que vous ciblez, diversifiez-les en utilisant des tags génériques et des tags précis.
- Améliorez l'exposition de votre image d'une simple pression sur l'écran !
- Alimentez régulièrement votre compte de photos montrant l'avancement de vos créations ainsi que vos sources d'inspiration ; prenez des photos de détails et d'ambiance.
- Partagez des séries de visuels qui racontent une histoire autour de votre marque.

FLICKR

flickr

Flickr (prononcer « flickeur ») est une photo et vidéothèque en ligne, créée par Ludicorp en 2004 et rachetée par Yahoo! en 2005. En plus d'être un site de partage de photos et vidéos très populaire, la plateforme est utilisée par de très nombreux blogueurs comme site hébergeur des images dont ils insèrent les liens dans leurs publications.

Flickr permet d'organiser, trier, archiver et retrouver ses images en ligne grâce à son énorme capacité de stockage. C'est différent d'Instagram parce que les images peuvent y être archivées en très haute résolution et dans la taille et le format voulu, et vous pouvez les stocker par lots. Vous pouvez aussi adhérer à un groupe pour y ajouter vos photos, faire des commentaires et indiquer vos « coups de cœur ».

Mais ce n'est pas qu'une photothèque géante et de qualité, c'est aussi pour un créateur un outil de promotion très utile. Plus votre marque et vos produits auront de « coups de cœur », plus vous gagnerez en visibilité.

CONSEILS

- Envoyez vos photos aux groupes que vous rejoignez pour vous faire connaître. Vous pouvez les trouver en allant sur www.flickr/groups/. Respectez bien les règles d'utilisation Flickr et celles associées à chaque groupe.
- Utilisez le nom de votre marque comme mot-clé sous toutes vos photos de produits.

Créez des groupes, invitez-y des membres (équivalents aux « amis » et aux « followers » des autres réseaux) et créez des discussions relatives au thème du groupe. Vos « membres », en voyant vos photos sur leur page d'accueil, seront plus enclins à les ouvrir d'un clic et donc à propager votre image.

LE BLOG

N'attendez pas pour mettre en place votre blog, même si vous avez déjà une e-vitrine sur Etsy ! C'est le moyen le plus efficace pour développer une relation exclusive avec vos futurs clients. Vous pourrez communiquer vos goûts et préférences artistiques et humaniser vos relations, tout en gagnant une certaine notoriété.

Un blog est un outil communautaire, un site virtuel personnel qui se construit en publiant des articles (aussi appelés billets ou « post(s) »). Les billets du blog s'affichant dans un journal en ordre chronologique inversé, le lecteur lira en premier votre dernier billet publié. C'est très simple puisque : 1) Vous vous connectez sur votre compte, 2) Vous écrivez votre « post » et téléchargez photos, illustrations, etc., 3) D'un clic, vous publiez votre billet. Instantanément, vos mots, illustrations et photos sont sur votre blog, mis en forme automatiquement et à votre goût, grâce aux thèmes que vous aurez présélectionnés.

Il y a deux sites principaux hébergeurs de blogs : WordPress et Blogger, qui appartient à Google. Reportez-vous aux pages ressources en ligne (p. 130).

Vos mots sur votre blog vont être le reflet de vos opinions, et tout le monde ne sera pas forcément d'accord avec vous, et on vous le fera parfois rudement savoir. La plupart des commentaires sont aimables ou encourageants, mais apprenez à réagir calmement – ou ne pas réagir – à ceux qui seraient négatifs. Restez courtois, les autres lecteurs apprécieront cela aussi. Si vous pensez qu'une critique est légitime, répondez avec sang-froid et professionnalisme. Mais avant tout, tenir un blog va vous permettre de rejoindre une communauté active de personnes qui partagent les mêmes centres d'intérêt et de construire des relations très enrichissantes.

CONSEILS

- Commencez par « poster » au moins une fois par semaine. Vous allez prendre de l'assurance au fur et à mesure, puis vous pourrez augmenter la fréquence et la qualité de vos entrées.
- Exposez vos créations.
- Donnez des titres percutants à vos billets.
- Ne promettez rien que vous ne puissiez tenir. Annoncer la tenue d'un dimanche Couture, par exemple, est catastrophique, si vous ne l'organisez jamais réellement. Vous perdriez vos premiers fidèles en ne tenant pas vos promesses.
- Insérer le démarrage automatique de musique sur votre blog est une TRÈS mauvaise idée.
- Vous voulez des commentaires ? Vous en aurez si vous en faites de bons ailleurs.
- Demandez à vos amis créateurs qui tiennent des blogs d'échanger avec vous des « swap(s) » ; dans un swap on s'échange des objets en rapport avec le thème du blog et dans les blogs créatifs les swaps sont souvent originaux ou amusants.

À LA RENCONTRE DES CRÉATEURS

CITY CHIC COUNTRY MOUSE

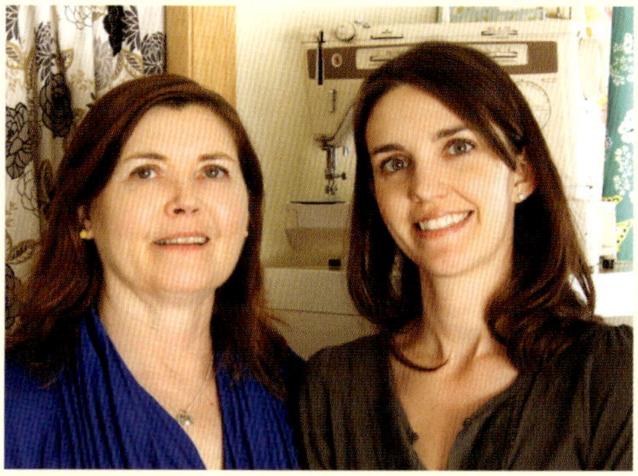

Les fondatrices de *City Chic Country Mouse*, Jamie Halleckson et Carmen Marti, ont associé les talents de couturière de la mère (Country Mouse) au sens du style de la fille (City Chic). Elles aiment donner du cachet et de l'originalité à des objets du quotidien de la maison et rendre ainsi les tâches ménagères moins ennuyeuses.

« Il y a tant de sources d'inspiration fabuleuses sur la Toile. Nous adorons parcourir les blogs et cliquer d'un site à l'autre, et passons sans doute trop de temps en ligne ! »

De la table de couture, à la buanderie et à la cuisine, elles s'attachent à enjoliver les travaux du quotidien. Tout a commencé grâce au don d'une machine à coudre Singer® vieille de trente ans (de Country Mouse à City Chic) et à un coup de foudre commun pour un rouleau de tissu dans une boutique locale. Qui aurait pu se douter que le tout deviendrait une association incroyablement réussie et si couronnée de succès ?

ÊTRE (RE)CONNU

Votre stratégie de communication doit être active et si vous ne faites pas votre publicité, personne ne le fera pour vous. La publicité est un terme flou qui signifie simplement que l'on est visible sur toutes sortes de supports de communication : dans les journaux et les magazines, sur des blogs ou sur tout autre média social.

La première impression donne le ton, alors faites bien attention à votre présentation, mise en page et pitch avant de vous lancer dans la blogosphère, et les photos que vous allez soumettre doivent être belles et de la meilleure qualité possible. La plupart des blogueurs attachent une grande importance à la qualité des visuels de leur blog ; les illustrations et le graphisme devant renforcer un style et raconter une histoire originale. Vos photos doivent pouvoir être intégrées facilement à leur site, en s'accordant au look de celui-ci. Renseignez-vous sur les gens que vous voulez contacter avant de le faire. Les deux choses à éviter absolument sont de : 1) Envoyer un mail où il est évident que vous n'avez même pas visité ou lu le blog de la personne à qui vous écrivez. 2) Proposer un sujet qui a déjà été traité ou qui n'a rien à faire sur ce blog.

Une fois vos recherches terminées, vos meilleures photos sélectionnées, vous saurez sur quel blog vous voulez apparaître. Écrivez maintenant le « pitch » parfait, quelques lignes courtes illustrant votre travail. Accrochez le lecteur dès votre introduction, qui doit être séduisante et originale. Les blogueurs du milieu de la création reçoivent des centaines de mails, alors faites-en sorte que le vôtre se remarque et éveille l'intérêt. Soyez poli et aimable et personnalisez votre courrier, adressez-vous à votre lecteur en le nommant (vérifiez-en l' orthographe). N' envoyez pas de mails groupés. Personnalisez. N' utilisez pas Facebook ou Twitter pour ce type de contacts. Envoyez un mail court, clair et « punchy » et ne comptez que sur un ou deux paragraphes pour retenir l'attention.

Donnez vos coordonnées, les liens vers vos sites sur Internet et vers votre blog. Vous pouvez éventuellement ajouter quelques photos en basse résolution et, pour ne pas laisser passer de fautes, relisez-vous plusieurs fois avant d'envoyer votre mail. Si au bout d'une semaine vous n'avez pas reçu de réponse, vous pouvez envoyer un rappel discret et si, bien sûr, vous apparaissez sur le blog désiré, n'oubliez pas d'envoyer un mail de remerciements.

IDÉES DE PLAN COM'

L'enthousiasme est contagieux, alors communiquez. Parlez à tout votre entourage de vos créations : à vos collègues, à vos amis, à votre famille, aux gens que vous rencontrez à un dîner ou chez votre coiffeur.

Créez votre propre signature mail. Elle apparaîtra à la fin de tous les e-mails que vous enverrez, encore un moyen rapide de faire savoir qui vous êtes. Vous choisissez le texte, la couleur et la taille, vous pouvez y incorporer votre logo ou des liens ; pensez au nombre de mails que vous envoyez tous les jours ! Une publicité gratuite et sans effort.

Et pourquoi ne pas lancer votre propre newsletter ? Vous l'enverriez à une liste pertinente, d'abonnés sélectionnés. Plusieurs prestataires proposent ce qu'on appelle des ESP (Email Service Provider), notamment MailChimp qui est gratuit ou, si vous y avez une vitrine, Etsy propose des solutions. C'est une technique d'e-marketing simple et efficace où vous pouvez annoncer vos nouveautés et vos participations à des événements. Proposez à vos followers sur les réseaux sociaux de s'y abonner. Diffusez-la régulièrement pour entretenir votre visibilité, proposez aussi, par exemple, de participer à des concours où il y aura des cadeaux à gagner...

Prenez l'habitude de rédiger de petits communiqués de presse pour annoncer les événements marquants de votre entreprise. Envoyez-les notamment aux journaux locaux avec deux ou trois jolies photos, ils seront ravis.

CONSEILS

- Donnez une de vos créations à une vente de charité.
- Proposez une «prime» aux amis et aux proches qui vous font de la publicité.
- Soyez dans les «bonnes adresses» des sites et les boutiques de loisirs créatifs.
- Participez aux concours d'artisanat.
- Enseignez dans les écoles, les salons et les centres de formation ou dans les boutiques.
- Assurez un service après-vente irréprochable. Respectez vos engagements et vos délais. Communiquez régulièrement et clairement avec vos clients.
- Constituez-vous un groupe de «followers», d'abonnés, et tenez compte de leurs avis.
- N'inondez pas les réseaux de vos publications, faites le tri.
- Devenez un pro du mot-clé et du hashtag #.
- Faites-vous des pages de profil sur de nouveaux médias sociaux.
- Remettez-vous en question en évaluant régulièrement ce qui «marche» et ce qui «ne marche pas».

Faites-vous inviter à publier des « guest posts », des billets d'invité, sur des blogs créatifs, renforçant facilement votre présence et créant du buzz autour de votre marque. Demandez à d'autres blogueurs leur avis sur vos produits, mais soyez prudent : ne donnez pas trop d'informations ou d'idées à votre concurrence directe.

Tous les débuts sont modestes, même la célèbre femme d'affaires américaine du « bien vivre chez soi », Martha Stewart, a commencé tout en bas de l'échelle : sa première entreprise de traiteur à domicile a démarré dans un sous-sol !

LES VOIX DE L'EXPÉRIENCE

« Avoir lancé mon activité créatrice m'a permis de démarrer une nouvelle et merveilleuse carrière d'illustratrice. Cela m'a aidé à découvrir mon véritable style et quel était mon univers, je vois mon métier sous un nouvel angle et je ne travaille plus comme avant. Mon style est beaucoup plus personnel. »

Anne Cresci, Matilou (p 107)

« Soyez fidèle à vos idées et à vos capacités, ne vous laissez pas trop influencer par les modes ni par ce que font les autres. D'une certaine façon, cela vous permettra d'être remarqué pour votre originalité. Être un artiste veut dire que l'on baigne dans un flot constant d'idées. Comme la plupart des créateurs, je passe beaucoup de temps seule et même si j'adore mon atelier et y travailler, je peux finir par m'y sentir comme un lion en cage. Réservez-vous des plages où vous ne pensez pas à vos travaux, sortez et passez du temps dehors, avec des amis, des proches, n'importe qui, faites des rencontres, voyez des clients. »

Vicky Trainor (p 97)

« Il faut aimer faire ce qu'on fait pour réussir. Pas de « 35 heures », si on veut créer son entreprise. »

City Chic Country Mouse (p 125)

« Il n'y a jamais assez de temps. Il y a plus de sujets d'inspiration que de temps pour les tester. »

Helena Schaeder Söderberg, Craft & Creativity (p 22)

« Il faut se sentir soutenu et bien entouré pour démarrer une petite entreprise de fait main. Si vous avez quelqu'un dans votre vie, il faut qu'il soit de votre côté parce que, comme pour toute entreprise, vous allez faire des sacrifices qui vont vous affecter tous les deux. Je n'aurais jamais connu ce succès avec Three Red Apples, si ma "moitié" ne m'avait pas aidée à affronter tous les hauts et les bas. » "

Annabelle Ozanne, Three Red Apples (p 49)

« C'est tout un processus : si j'avais éternellement attendu d'être formidablement douée pour tout, je ne me serais jamais lancée. Pas besoin de savoir tout sur tout avant de créer une entreprise. Tant que vous avez une idée précise de ce que vous voulez, vous apprendrez à vous adapter et à trouver des solutions au fur et à mesure. Le plus important, c'est de faire le premier pas et de continuer à avancer. »

Amanda Wright, Wit & Whistle (p 58)

« Je crois que le plus important est d'avoir un but. Je dis ça parce que je n'ai pas pour habitude de faire la liste de mes projets, j'ai plutôt une vision de ce que j'aimerais, une idée générale qui m'accompagne. Il y a quelques questions à se poser qui aident à préciser son objectif, telles que : est-ce que je veux gagner seulement quelques sous pour financer un passe-temps ou est-ce que je veux pouvoir en vivre, etc. ? Y répondre permettra de définir ce que vous devrez mettre en place pour que ça fonctionne à la fois sur le plan privé et sur le plan professionnel. En constatant que j'aimais autant l'écriture que la création, je suis naturellement passée de vendeuse à écrivain, puis à auteur. »

Elyse Major, Tinkered Treasures (p 42)

« Ayez confiance en vous et adoptez la "positive attitude" en toute circonstance. Diffuser ses créations et se dévoiler entraîne la plupart du temps des réactions positives et stimulantes, mais aussi des critiques parfois excessives, c'est inévitable et personne n'est préparé à cela. Mon conseil est de s'entourer d'amis et de proches encourageants (ça vaut pour le Web aussi). Apprenez à gérer intelligemment les situations délicates ou même carrément moches et s'il subsiste des zones noires, supprimez-les (sur les réseaux sociaux, vous pouvez "supprimer" d'un clic les mauvais coucheurs) ! »

Emma Lamb (p 14)

« Vous ne pouvez pas vous lancer dans les affaires si vous n'adorez pas faire ce que vous faites. Avoir une entreprise est une occupation à plein temps, c'est difficile, ça demande beaucoup de travail et au début pour ne gagner que quelques cents. Vous devez tenir le coup jusqu'à ce que ça marche réellement. C'est ensuite un des grands bonheurs qu'apporte une entreprise qui vous appartient : avoir la liberté de faire quelque chose que l'on aime. »

Tabitha Emma (p 113)

RESSOURCES EN LIGNE

SITES UTILES

Ces sites peuvent vous aider et compléter vos connaissances des thèmes abordés dans ce livre. Au moment où j'achève sa rédaction, ce sont les sites existants et les adresses y correspondant. Cependant, les sites évoluent ou disparaissent et les adresses peuvent au moment de votre lecture avoir changé ; le mieux est sans doute de rentrer le nom du site dans la fonction recherche de votre navigateur et si vous ne trouvez rien, c'est que le site n'existe plus. Pour une liste à jour, consultez ma page toriejayne.com, où je vais tout faire pour présenter des listes à jour et où je vous informerai des nouveaux sites intéressants ou des réseaux sociaux qui me semblent pouvoir vous être utiles pour présenter et vendre vos créations.

BOUTIQUES DE LOISIRS CRÉATIFS

Artéis : www.arteis-france.com

BHV : www.bhv.fr

Color'i : www.color-i.fr

CrazyFête : www.crazyfete.com

Cooleurs : www.cooleurs.com

Créattitude :

www.creattitudes.net/fr

Cultura : www.cultura.com

Dalbe : www.dalbe.fr

Declosmenil :

www.declosmenil.com

Graphigro : www.graphigro.fr

Rougier & Plé : www.rougier-ple.fr

Le temps apprivoisé :

www.letempsapprivoise.fr

Loisirs & Créations :

www.loisirsetcreation.com

Picwic : www.picwic.com

Planet Art : www.planet-art.fr

Zodio : www.zodio.fr

HÉBERGEURS DE BLOGS

Blogger : www.blogger.com

WordPress : www.wordpress.com

Typepad : www.typepad.com

BlogPress : www.theblogpress.com

Accessibles en France :

Infomaniak : www.infomaniak.com

1&1 : www.1and1.fr

1hebergement.com :
www.1hebergement.com

OVH : www.ovh.comfr

WordPress :www.fr.wordpress.org

Overblog : www.overblog.com

Canalblog : www.canalblog.com

SITES DE TRAITEMENT DES PHOTOS

Picasa : www.picasa.google.com
Logiciel gratuit de traitement et de retouche des photos, proposé par Google

Aviary: www.aviary.com
Site de traitement d'images en ligne qui propose toutes sortes de filtres amusants

Photoshop Express Editor :
www.photoshop.com/tools
Recadrer et ajouter du texte à vos images grâce à ce site en ligne de traitement d'images

PicMonkey : www.picmonkey.com
agrandissez, recadrez et intégrez des typos amusantes à vos photos.

SALONS

Créations et Savoir-faire :
www.creations-savoir-faire.com

Creativa :
www.creavenue.com/creativa/europe.aspx

L'aiguille en fête :
www.aiguille-en-fete.com

NOMS DE DOMAINE

www.afnic.fr

SITES D'AIDE À LA CRÉATION D'ENTREPRISE

www.economie.gouv.fr

www.infogreffe.fr

www.a2c-31.com
site d'aide à la gestion et aux comptes

SITES DE CONSEILS ET DE MARKETING POUR L'E-COMMERCE

www.prestashop.com
site de création d'e-mails marketing et d'aide à l'e-commerce

fr.surveymonkey.com

site de données en ligne et d'aide au marketing

EXPÉDITION

La Poste : www.laposte.fr

UPS : www.ups.com/fr

www.fedex.com/fr

DPD : www.dpd.com
Calculateur d'expéditions (poids, volume et délais des colis)

L'AVENTURE CONTINUE !

Vos créations atteignent la perfection, votre entreprise tourne et votre stratégie de communication est efficace – alors quelle est la suite ? Chaque décision que vous prenez va affecter l'avenir de votre entreprise, il vous faut donc avoir une vision à long terme, tout en restant concentré sur vos objectifs. Pour cela, vous devez les préciser. Voulez-vous étendre vos activités et les diversifier, ou voulez-vous aussi transmettre votre savoir-faire et enseigner ? Continuez de toute façon à organiser des manifestations où vous pouvez exposer et promouvoir vos produits. Soyez attentif à l'air du temps, aux modes et aux nouvelles tendances, à ce qui fonctionne dans le milieu des arts créatifs. Voici quelques conseils qui vont vous permettre de planifier vos prochaines étapes dans le monde de la création et d'aller encore plus loin. Bonne chance et profitez-en !

DE NOUVELLES PERSPECTIVES

Nous avons des talents multiples. Le fait main, l'artisanat, impliquent l'utilisation d'une grande variété de savoir-faire. Vous savez travailler l'argile ou la pâte Fimo, alors pourquoi ne pas faire de pâtisserie ou des objets en pâte à sucre ? Une marque forte est une marque sans limites – vous pouvez sortir autant de nouveautés que vous le désirez. Restez fidèle à votre style et à vos valeurs, tout en attirant de nouveaux clients et en pénétrant de nouveaux univers, profitez de toutes les opportunités et de toutes vos idées. Exposez votre entreprise sur de nouvelles plateformes en ligne, pénétrez de nouvelles communautés de blogueurs, faites-vous accepter par de nouveaux organisateurs de salons, soyez présent dans de nouvelles boutiques.

En plus de produits faits main, vous pourriez offrir des services qui vous seraient payés à l'heure ou au forfait. Jouez sur vos compétences, mettez-les en valeur, faites-vous connaître encore et encore sur les réseaux et médias sociaux, envoyez vos newsletters et vous pourriez finir par monter un nouveau projet très rentable. On ne sait jamais, quelqu' un peut être en train de chercher aujourd'hui un décorateur pour la réception d'un hôtel, ou un organisateur de mariage.

PARTAGER SON SAVOIR-FAIRE

Transmettre son savoir-faire signifie partager avec d'autres une passion commune. Et donc, enseigner ses propres techniques constituerait une nouvelle étape logique. Et animer des ateliers d'arts créatifs, en plus d'être amusant et de vous donner l'occasion de faire des rencontres intéressantes, vous permettrait de gagner quelques sous supplémentaires. L'idée, ici, n'est pas de dévoiler tous vos secrets de fabrication mais de promouvoir et transmettre un talent et des techniques qui vont éveiller et entretenir l'intérêt pour votre spécialité. Sans oublier de faire une bonne publicité pour votre marque et d'attirer les novices vers la pratique des loisirs créatifs

Vous n''avez pas besoin d' être un orateur hors pair pour pouvoir enseigner, ni d'y consacrer tout votre temps libre. Les possibilités sont multiples : du déjeuner-atelier, au tutoriel sur votre blog, à la vidéo que vous postez sur Internet, au cours du soir à domicile ou dans un atelier loué pour l'occasion, aux écoles et aux ateliers ponctuels des rayons de DIY.

CONSEILS

- Ne vous croyez pas obligé de tout faire en solo – contactez d'autres créateurs pour leur proposer d'organiser des événements en commun (une vente éphémère de fait main et un cours de cuisine, par exemple).
- Offrir un atelier gratuit à des amis ou à votre famille est une bonne façon de s'entraîner et de vous permettre d'ajuster votre organisation en fonction de leurs remarques.
- Ne négligez pas vos obligations légales (assurances obligatoires et formation aux soins d'urgence).

ORGANISER DES ÉVÉNEMENTS

En tant que créateur professionnel, vous pouvez tirer profit de vos compétences pour organiser des manifestations qui vont bénéficier à la vie de votre quartier ou de votre commune – ventes de charité, ventes à domicile, salon d'arts créatifs, concours ou ateliers ponctuels. Utilisez votre imagination et toute votre créativité pour préparer des invitations et des affiches attirantes et faites jouer tous vos réseaux sociaux pour faire passer le message et multiplier les participants.

Ne laissez pas passer les mois sans profiter des fêtes et des célébrations qui rythment l'année, planifiez des manifestations où les objets seront en rapport avec la saison et en accord avec les cadeaux recherchés. Votre entreprise doit vivre et prospérer au fil des festivités.

CONTINUER À ÉTUDIER LE MARCHÉ

Vous savez déjà à quel point une bonne étude de marché est vitale à l'existence d'une entreprise, mais vous n'avez peut-être pas encore pleinement conscience de ses effets ni d'à quel point elle est nécessaire pour vous assurer de faire des bénéfices sur le long terme.

Le premier point, c'est de garder un œil sur les prix de la concurrence. Ils évoluent, à la hausse ou à la baisse, et vous devrez adapter les vôtres en conséquence. Aussi, de nouveaux outils de grande consommation sortent toutes les semaines, – cela devrait vous donner des idées. Vous n'avez pas nécessairement besoin de changer toute votre gamme de couleurs ou votre palette graphique pour suivre les modes, mais ajustez-les pour suivre les saisons. Mais encore plus important, vous devez absolument étudier le marché de façon régulière pour vous assurer que votre travail n'est pas copié ou reproduit sans votre autorisation. Soyez extrêmement vigilant sur ce point et faites appel à un avocat, si cela se produit.

DÉPLACER SON ATELIER

Bon d'accord, votre atelier est splendide et bien organisé, vous travaillez dans un environnement qui vous stimule et entretient votre imagination et qui, de plus, est exactement à l'image de votre marque. Mais alors, comment allez-vous faire maintenant que chaque centimètre carré est occupé par des casiers et des étagères splendides, mais archipleins ? Eh bien... une des nouvelles étapes de votre succès pourrait être de devoir déménager. Que ce soit parce que vous réalisez maintenant des objets beaucoup plus grands – vous vous êtes peut-être mis à customiser des meubles – ou parce que vous avez besoin de pouvoir accueillir un employé ou deux, changer d'atelier peut se révéler une expérience très enrichissante et qui vous aidera à faire croître votre entreprise. Il y a seulement quelques astuces à appliquer pour que tout se fasse sans stress.

Commencez par envisager votre déménagement comme une chance plutôt que comme un problème, puisque vous allez pouvoir transformer un espace totalement neuf en un atelier qui correspondra pile-poil à vos besoins et à votre goût. Ensuite, faites connaître votre nouvelle adresse à tous vos clients. Utilisez les ressources de toutes les plateformes et réseaux sociaux où vous êtes présent, modifiez votre signature mail (p. 127), prévenez tous les abonnés à votre newsletter et créez le buzz autour de votre nouveau départ. Efforcez-vous de planifier votre déménagement pendant un week-end ou des jours fériés pour éviter de perturber les envois de vos commandes. Réfléchissez aux délais : faut-il attendre que la peinture des murs soit complètement sèche pour que vous puissiez ranger votre précieuse collection de papiers anciens ? Recrutez vos amis et vos proches pour faire les cartons et les étiqueter, et pour le jour J. Prévoyez aussi le plus tôt possible votre raccordement à Internet.

RECRUTER

Si vous avez passé une annonce pour recruter de l'aide, c'est bon signe et vous êtes en route vers le succès. Que ce soit parce que vous avez besoin d'une ou deux paires de bras supplémentaires pour préparer vos commandes ou pour vous aider à la fabrication, ou que ce soit pour tenir vos livres de comptes, être le patron vous permet de devenir aussi un employeur.

Vos amis vont sans doute se porter volontaires, résistez à la tentation. Ce qui peut sembler être une très bonne idée résiste mal à la relation employeur-employé, à cause des frictions que peuvent entraîner des ordres mal compris ou mal interprétés, ou les ordres tout court, en plus des problèmes que les questions de salaire peuvent faire naître. Faites appel à un stagiaire ou concentrez-vous sur les CV de personnes compétentes et qui maîtrisent les techniques dont vous avez besoin.

Demandez une lettre de motivation avec le CV et vérifiez leurs informations sur les réseaux sociaux et sur Internet. Demandez aux nouveaux employés de signer une clause de confidentialité et protégez votre propriété intellectuelle sur votre travail. Mais ayez aussi un espace de travail accueillant et aux normes de sécurité en vigueur, sans oublier les contrats d'assurances nécessaires. Connaissez aussi les diverses conventions, taxes et réglementations qui vous lient en tant qu'employeur.

UNE VIE ÉQUILIBRÉE

Votre activité créative fait tellement partie de votre personnalité qu'il vous est parfois difficile de poser ciseaux, aiguilles ou pinceaux et de faire un pas de côté. Tout votre entourage est bien conscient que votre activité vous est aussi indispensable que l'air que vous respirez, mais il est quand même tout aussi important de savoir se détendre, s'amuser et prendre un peu de temps pour se faire du bien. Un artiste heureux et en bonne santé est un artiste qui réussit, essayez alors de maintenir un bon équilibre entre votre travail et votre vie privée.

Ça a l'air évident, mais commencez par consacrer du temps à vos amis et à votre famille. Rire et s'amuser avec ceux qu'on aime nourrit et stimule, et c'est quand même très agréable. Nourrissez-vous correctement. Les plateaux-repas ou les sandwichs sont acceptables les jours de délais à respecter sans faute, mais vous ne tiendrez pas longtemps en mangeant n'importe quoi. Ça ne serait pas mal aussi de penser à faire de l'exercice régulièrement. Vous passez des heures penché dans des positions très mauvaises pour votre dos et répétez les mêmes gestes trop fréquemment, ce qui entraîne des blessures d'effort typiques. Levez-vous et étirez-vous, sortez et marchez un peu. Puis, allez faire une sieste – vous en avez sans doute besoin !

INDEX DES MÉDIAS SOCIAUX

WWW.TWITTER.COM

Twitter est le réseau social de l'instantané. Concrètement, c'est une plateforme de micro-blogging qui permet à ses utilisateurs de diffuser et de lire des messages courts où peuvent aussi être intégrés des liens URL.

WWW.FACEBOOK.COM

Facebook est un service en ligne de réseautage social, qui permet à ses utilisateurs de publier du contenu et d'échanger des messages. Pour la publicité d'une entreprise et pour la promotion d'une marque sur la Toile, Facebook est un support inégalable – un must de l'e-marketing. En quelques clics, vous créez une page exclusivement dédiée à vos produits, vous lancez un groupe de discussion autour d'un thème précis ou lancez une campagne publicitaire bien ciblée. Être sur Facebook est un incontournable de la promotion sur Internet et s'en servir, un véritable jeu d'enfant.

WWW.INSTAGRAM.COM

Instagram est une application de retouche et de partage d'images, ses utilisateurs pouvant y enregistrer photos et vidéos. Vous pouvez soit prendre des photos avec l'application, soit retoucher des photos prises avec un autre appareil. Après, vous donnerez un titre à votre photo et ajouterez une série de hashtags. Ensuite, vos photos pourront être partagées instantanément sur Facebook, Flickr et Tumblr, selon les paramètres choisis.

WWW.PINTEREST.COM

C'est un réseau social sous la forme d'un tableau de liège virtuel, qui permet de partager tout ce que vous aimez en publiant des photos ou des collages de choses que vous avez vues, trouvées et appréciées sur le Web.

WWW.FLICKR.COM

Flickr est une photo et vidéothèque en ligne, créée par Ludicorp en 2004 et rachetée par Yahoo! en 2005. En plus d'être un site de partage de photos et vidéos très populaire, la plateforme est utilisée par de très nombreux blogueurs comme site hébergeur des images dont ils insèrent les liens dans leurs publications.

WWW.LINKEDIN.COM

LinkedIn est un réseau social professionnel en ligne créé en 2003. Début 2014, le site revendique plus de 300 millions de membres issus de 170 secteurs d'activités dans plus de 200 pays et territoires.

WWW.GOOGLE.FRANALYTICS

Google Analytics est un service gratuit d'analyse d'audience d'un site Web proposé par Google.
Il vous permet de savoir comment les visiteurs utilisent votre site, comment ils y accèdent et comment les faire revenir.

CRÉATEURS

ANNE CRESCI, *FRANCE*
MARQUE: MATILOU

Blog: annecresci.blogspot.co.uk
Etsy: www.etsy.comuk/shop/matilou
Page Facebook: hwww.facebook.compages/Matilou/74363959220
Twitter: twitter.commatilou
Flickr: www.flickr.comphotos/23136898@N08

NELLIANNA VAN DEN BAARD, KENNETH VEENENBOS, FLEUR VAN DUSSELDORP, *NETHERLANDS*
MARQUE: STUDIO SNOWPUPPE

Website: www.studiosnowpuppe.nl
Page Facebook: www.facebook.compages/Studio-Snowpuppe/203615149666763?sk=wall
Twitter: twitter.comsnowpuppe
Instagram: instagram.comsnowpuppe
Flickr: www.flickr.comphotos/studiosnowpuppe
YouTube: www.youtube.comuser/snowpuppe#p/u/3/3N10KT1O-7g

TABITHA EMMA, *AUSTRALIA*
MARQUE: TABITHA EMMA

Website: tabithaemma.com
Blog: tabithaemma.comblog
Etsy: www.etsy.comshop/tabithaemma
Page Facebook: www.facebook.compages/Tabitha-Emma/231351125905
Twitter: twitter.comtabithaemma
Pinterest: pinterest.comtabithaemma
Dribble: dribbble.comtabithaemma
Instagram: instagram.comtabithaemma

JAMIE HALLECKSON & CARMEN MARTI, *USA*
MARQUE: CITY CHIC COUNTRY MOUSE

Website: www.CityChicCountryMouse.com
Blog: citychiccountrymouse.blogspot.co.uk
Etsy: www.etsy.comshop/citychiccountrymouse
Page Facebook: www.facebook/CityChicCountry-Mouse
Twitter: twitter.comCityChicJamie
Pinterest: pinterest.comjamieh
Instagram: lucyjunesmama

TORIE JAYNE, *UK*
MARQUE: TORIE JAYNE

Website: toriejayne.com
Etsy: www.etsy.comshop/ToriеJayne
Blog: toriejayne.blogspot.co.uk
Page Facebook: www.facebook.comTorieJayneBlog
Twitter: twitter.comToriejayne
Flickr: www.flickr.comphotos/toriejayne
Pinterest: pinterest.comtoriejayne
Instagram: instagram.comtoriejayne

EMMA LAMB, *UK*
MARQUE: EMMA LAMB

Blog emmallamb.blogspot.co.uk
Etsy: www.etsy.comshop/emmalamb
Folksy: folksy.comshops/emmalamb
Ravelry: www.ravelry.comdesigners/emma-lamb
Shop: emmallamb.blogspot.co.uk/p/patterns.html
Page Facebook: www.facebook.comemmalamb.uk
Pinterest: pinterest.comemmalamb/pins
Flickr: www.flickr.comphotos/emmalamb
Bloglovin': www.bloglovin.comemmallamb

ELYSE MAJOR, *USA*
MARQUE: TINKERED TREASURES

Website: tinkeredtreasures.com
Blog: tinkeredtreasures.blogspot.co.uk
Etsy: www.etsy.comshop/tinkeredtreasures
Page Facebook: www.facebook.comElyseMajorTinkeredTreasures
Twitter: twitter.comtinkeredtreasrs
Pinterest: pinterest.comtinkeredtreasrs
Flickr: www.flickr.comphotos/elysemajor
Bloglovin: www.bloglovin.comen/blog/1582149
LinkedIn: www.linkedin.comin/elysemajor
Goodreads: www.goodreads.comauthor/show/6902169.Elyse_Major

ANNABELLE OZANNE, *UK*
MARQUE: THREE RED APPLES

Website: www.threeredapples.com
Blog: www.threeredapples.blogspot.co.uk
Etsy: www.etsy.comshop/threeredapples
Page Facebook: www.facebook.comthreeredapples
Twitter: twitter.comThreeredApples
Flickr: www.flickr.comphotos/threeredapples
Bloglovin': www.bloglovin.comblog/2168859/three-red-apples

HELENA SCHAEDER SÖDERBERG, *SWEDEN*
MARQUE: CRAFT & CREATIVITY

Website: www.makeandcreate.se
Blog: craftandcreativity.comblog
Page Facebook: www.facebook.compages/Craft-Creativity/255215084531333
Pinterest: pinterest.comcraftcreativity
Instagram: instagram.comcraft_and_creativity
Flickr: www.flickr.comphotos/craftcreativity
Tumblr: craftandcreativity.tumblr.com
Bloglovin: www.bloglovin.comen/blog/3044314

TAMAR SCHECHNER, *USA*
MARQUE: NEST PRETTY THINGS

Website: nestprettythings.com
Blog: nestprettythings.comjournal
Etsy: www.etsy.comshop/NestPretty-ThingsShop?ref=si_shop
www.etsy.comshop/nestprettythingskids
www.etsy.comshop/nestprettybrides
Page Facebook: www.facebook.comnestprettythings
Flickr: www.flickr.comphotos/12558159@N08
Tumblr: nestprettythings.tumblr.com

WHITNEY SMITH, *USA*
MARQUE: WHITNEY SMITH

Website: www.whitneysmithpottery.com
Blog: whitneys-pottery.blogspot.co.uk
Shop: www.whitneysmithpottery.com#!shop
Etsy: www.etsy.comshop/whitneysmith
Page Facebook: www.facebook.comWhitneysmith Pottery
Twitter: twitter.comwhitneyspottery
Flickr: www.flickr.comphotos/poppygirl/6842019081

MEL STRINGER, *AUSTRALIA*
MARQUE: GIRLIE PAINS

Website: melstringer.storenvy.com
Blog: melstringer.blogspot.co.uk
Shop: melstringer.storenvy.com
Etsy: www.etsy.comshop/girliepains
Page Facebook: www.facebook.commelstringerart
Tumblr: melstringer.tumblr.com

VICKY TRAINOR, *UK*
MARQUE: THE LINEN GARDEN & THE VINTAGE DRAWER

Website: www.thevintagedrawer.com
Website/shop: www.thelinengarden.co.uk
Blog: www.thelinengarden.blogspot.com
Etsy: www.etsy.comshop/vickytrainor
Page Facebook: www.facebook.comVickyTrainorStationery
Twitter: twitter.comvickytrainor
Bloglovin': www.bloglovin.comblog/4409169/the-linen-garden

AMANDA WRIGHT, *USA*
MARQUE: WIT & WHISTLE

Website: witandwhistle.com
Blog: witandwhistle.comblog
Etsy: www.etsy.comshop/witandwhistle
Shop: witandwhistle.comshop
Page Facebook: www.facebook/witandwhistle
Twitter: twitter.comwitandwhistle
Pinterest: pinterest.comwitandwhistle

INDEX

Les numéros de pages en *italique* font référence aux photos.

H

I

L

M

N

O

P

R

S

S *(suite)*

T

V

W

Y

À PROPOS DE L'AUTEUR

Depuis sa plus tendre enfance, Torie Jayne a toujours été passionnée par tout ce qui a trait au stylisme. Après des études de mode à l'université de Kingston, à Londres, elle débuta comme styliste à New York pour American Eagle Outfitters. À son retour à Londres, elle y poursuivit quinze ans une carrière de styliste pour de grandes enseignes, telles que Zara ou Marks & Spencer, dessinant des collections pour divers départements, des maillots de bain aux tricots, aux jeans et aux vêtements pour enfants.

En s' achetant sa première maison et grâce à son don pour les associations de couleurs et son souci du détail, elle se lança dans plusieurs projets de décoration intérieure.

Elle ouvrit son premier blog en 2010, toriejane.com pour y partager ses idées en pâtisserie, travaux créatifs, décoration intérieure et autres, puis elle publia ses tableaux d' inspiration sur Pinterest (pinterest.comtorie-jayne) et ses galeries de photos sur Flickr (flickr.compho-tos/toriejayne). Faisant montre d' un talent exceptionnel pour les couleurs et pour « renifler » les tendances, Torie a acquis une présence sur la Toile si forte qu'une moyenne de 100 000 visiteurs par mois se rend sur son blog.

Ses voyages fréquents autour du monde, sa vie et son travail aux États-Unis, et toute son expérience professionnelle, ont convaincu Torie que son inspiration et l'air du temps, les tendances du moment, n'étaient pas que locales, mais internationales. Et, même si son blog est écrit depuis le Royaume-Uni, ses lecteurs sont de tous les pays, un tiers d'entre eux habitant aux États-Unis.

Son goût pour suivre les saisons et les fêtes annuelles est évident à la lecture de ses entrées, sur son blog. Elle y traite de tout ce qui a trait au DIY : présentoirs à gâteaux faits main, nappes brodées… Ses photos de tables de goûters sont devenues incroyablement populaires, grâce à ses adorables macarons, ses gâteaux-sucettes originaux, ses gros gâteaux décorés et extravagants, ses nichoirs à oiseaux en pain d' épices, ses doughnuts glacés, ses sucettes en chocolat à oreilles de lapin… sans oublier les étiquettes et emballages décorés et faits main.

Les oiseaux sont présents sur presque toutes ses créations, des oiseaux de Pâques à gros pois au gâteau de Noël en forme de cage à oiseaux, sans oublier toutes les suspensions décoratives.

Le travail de Torie et ses articles de blog ont été publiés un peu partout autour du monde – The Magic of Sugar, en Allemagne, Making en Grande-Bretagne, Ariadne at Home aux Pays-Bas, les publications du groupe Mondadori en Italie, Cosmopolitan en Grèce. Aussi sur les sites de publication en ligne : Apartment Therapy, Mollie Makes, Creature Comforts, Be Different… Act Normal et Heart Home.

Maintenant que sa marque connaît un grand succès, Torie a l'intention de se consacrer encore plus à sa passion pour le fait main et pour la pâtisserie, en transformant son blog en site Web avec des tutoriels vidéos, ainsi qu'une application pour Ipad.

REMERCIEMENTS

C'est avec un immense bonheur que je peux remercier ici tous ceux qui m'ont permis de réaliser mon rêve. Alors, un grand, chaleureux et sincère « merci » à : Susie Bell pour ses sublimes photographies, des trajets plein de rires et des encouragements merveilleux. À Vicky, Emma, Elyse, Helena, Tamar, Tabitha, Mel, Jamie, Carmen, Nelliana, Kenneth, Fleur, Whitney, Anabelle, Amanda et Anne pour leurs fabuleuses contributions. À Sonya pour m'avoir trouvée et à Caroline pour son énorme travail. À Papa et à Maman pour leurs encouragements à poursuivre mes rêves. À ma famille et à mes proches pour leur soutien, leur humour et leur compréhension. À tous mes amis blogueurs et aux visiteurs de mon blog Torie Jayne. À George, mon fan numéro 1 et enfin, à mon merveilleux Keiran, dont le soutien quotidien et inébranlable, l'amour et les encouragements m'ont permis de faire aboutir ce projet.

CRÉDITS

Panneaux découpés au laser du bureau (p. 30) par Budget Signs à Chingford, GB et peinture en bombe de PlastiKote®.

Les photos des créateurs et de leurs produits ont été fournies par eux. Sauf celles d'Emma Lamb, prises par Marisa Bettencourt et celles de l'espace de travail d'Emma Lamb, photographiées par Sussie Bell.

Corbis Images, p. 133

GAP Interior Images Ltd, p. 2-3, 62-63

Toutes les autres photos ont été prises par Sussie Bell et les droits sont détenus par Quitet Publishing Ltd.

Les photos de stand d'exposition ont été prises au Selina Lake Handmade & Vintage Summer Fete, à Kingston uponThames, GB

Les rubans du dévidoir à rubans sont de Jane Means.